L'Empereur
et les milliardaires rouges

De la même auteure

La Guerre des récits, Éditions de l'Observatoire, 2020.
Le Prince mystère de l'Arabie, Robert Laffont, 2018.
Clinton/Trump. L'Amérique en colère, Robert Laffont, 2016.
Les Oligarques, Robert Laffont, 2014
Madame la... Ces femmes qui nous gouvernent, Plon, 2007.
Le Livre noir de la condition des femmes, avec Sandrine Treiner, XO, 2006.
Bush-Kerry. Les deux Amérique, Robert Laffont, 2004.
Françoise Giroud, Fayard, 2003.
La Double Vie d'Hillary Clinton, Robert Laffont, 2001.
L'Europe racontée à mon fils, Robert Laffont, 1999.
Les Grands Patrons, avec Jean-Pierre Sereni, Plon, 1998.
La Mémoire du cœur, Fayard, 1997.
Portraits d'ici et d'ailleurs, L'Aube, 1994.
Les Uns et les Autres, L'Aube, 1993.
Duel, Hachette, 1988.
Dans le secret des princes, Stock, 1986.

Christine Ockrent

L'Empereur et les milliardaires rouges

Éditions de L'Observatoire

ISBN : 979-10-329-2066-4
Dépôt légal : 2023, mars
3e tirage : 2023, avril

170 *bis*, boulevard du Montparnasse, 75014 Paris

À mes amis chinois de Pékin,
de Hong Kong et d'ailleurs.

« Il faut bien égorger quelques poulets pour effrayer les singes. »

PROVERBE CHINOIS

Préambule

Le sacre

Ils applaudissent à l'unisson, assis derrière leur pupitre, le visage masqué de blanc, et les travées semblent s'étendre à l'infini, leur monotonie à peine rompue par des uniformes militaires, quelques tenues traditionnelles ou de rares visages de femmes. Pupitres, tapis, drapeaux et cravates, tout est rouge.

En ce mois d'octobre 2022, venus de toute la Chine, réunis dans l'immense salle du palais du Peuple place Tiananmen, à Pékin, les deux mille deux cent quatre-vingt-seize délégués représentant les quatre-vingt-seize millions de membres du Parti communiste chinois tenant sous leur coupe un milliard quatre cents millions de personnes rendent hommage à l'homme dont ils s'apprêtent sans un murmure à consolider davantage encore le pouvoir. Xi Jinping leur fait face, impassible, cravate rouge sombre et costume noir, cheveux plaqués striés de quelques fils d'argent. Le rituel, immuable et grandiose, reste stalinien, comme l'architecture du bâtiment. Sur scène, derrière celui qui, depuis dix ans déjà, est à la fois le Secrétaire général du Parti et le

Président de la Commission militaire centrale, on découvre en toile de fond une gigantesque faucille flanquée de son marteau et de ses drapeaux, les deux cent cinq membres du Comité central, en première ligne, les vingt-cinq caciques du Bureau politique, les seuls à ne pas porter un masque de protection, tout comme les sept hiérarques du Comité permanent – ou plutôt six plus un : le fauteuil de Xi est isolé, au centre de la scène.

Comme tous les cinq ans, Pékin est à l'arrêt. La capitale chinoise et les grandes villes du pays ont été soigneusement nettoyées de tout suspect, surtout s'il appartient à une minorité ethnique. Un homme a pourtant osé afficher une banderole sur le pont Sitong : « Nous ne voulons pas de tests Covid, nous voulons manger ; nous ne voulons pas de confinement mais la liberté, nous ne voulons pas de grand dirigeant mais des élections, pas de mensonges mais la dignité, ne plus être des esclaves mais des citoyens... » Il a été immédiatement arrêté, mais les images de cet acte isolé ont circulé quelque temps sur les réseaux sociaux avant d'être supprimées. On a su son nom : Peng Lifa.

Rien ne saurait troubler le sacre de l'Empereur.

Depuis des mois, pour mieux le préparer, médias d'État et réseaux sociaux rivalisent de louanges à son endroit, applaudissant sa vision, sa clairvoyance, sa simplicité, sa proximité avec le peuple. Des vidéos tournent en boucle, insistant sur l'adhésion des fils de Han mais aussi des différentes ethnies jusque dans le tréfonds des trente-et-une provinces, régions et municipalités autonomes de l'Empire. « La pensée de Xi Jinping guide la construction économique de notre pays vers des réalisations héroïques », peut-on lire sur les murs des villes ornées de portraits géants du président sortant. À Pékin, suivi avec déférence par les six membres du Comité permanent, Xi a visité l'exposition consacrée aux réalisations du Parti – une galerie entière lui est déjà consacrée, lui qui travaille à « la renaissance de la grande nation chinoise », et l'étage supérieur reste vacant de façon à honorer la suite. Jamais depuis Mao le culte de la personnalité n'avait atteint de tels extrêmes.

Le Congrès n'autorise aucune surprise. Tout est déjà rédigé, à la virgule près, à commencer par la composition du prochain Comité central et les nominations au sein de la redoutable Commission disciplinaire centrale. La distribution des postes au niveau des provinces peut encore faire l'objet de quelques marchandages. Les travaux, à huis clos, dureront une semaine.

Xi Jinping connaît l'histoire, quitte à la réécrire à sa main, et nourrit une obsession : l'agonie de l'Union soviétique. En 1956, lors du XXe congrès du Parti communiste, à Moscou, Nikita Khrouchtchev avait ouvert le procès du stalinisme – pour le Chinois, le poison mortel d'un régime détruit de l'intérieur. À Pékin le XXe congrès du Parti chinois doit au contraire, sous sa férule, en proclamer les triomphes, la clairvoyance et la toute-puissance.

Pendant plus d'une heure et demie, le discours d'ouverture du maître de la Chine va donc confirmer les grandes orientations de sa politique pour les années à venir à l'aune de succès qu'il estime évidents : maintien des mesures draconiennes pour contenir le Covid-19, « victoire écrasante » de la lutte contre la corruption, fermeté « pour une réunification pacifique de Taïwan » sans exclure le recours à la force. Le Parti est mentionné à cent quarante-deux reprises, le socialisme quatre-vingt-une fois.

Une semaine plus tard, cérémonie de clôture. Journalistes et caméras sont introduits aux balcons. Survient alors une scène stupéfiante : l'ancien président Hu Jintao, assis à la gauche de Xi, est contraint par deux gardes du corps à quitter son siège. Il résiste, incrédule, se tourne vers son successeur qui regarde devant lui, impassible. Le vieil homme tente encore de lui parler, tape sur l'épaule du Premier ministre, son ancien protégé, et sort à pas lents. Ses anciens compagnons restent de marbre. C'est le moment où doit être annoncée la nouvelle composition du Bureau politique. Hu risquait-il de s'y opposer, rompant avec l'unanimité de rigueur ? Aurait-il agacé l'Empereur lors des discussions préalables ? S'agit-il d'une humiliation programmée pour mieux démontrer qu'il n'est plus question de démocratie interne au sein du PCC, même au plus haut niveau ? La formule a disparu de la charte du Parti alors que Mao lui-même l'avait introduite pour mieux identifier « les serpents et les monstres » dont il couperait la tête. L'agence d'information officielle Chine Nouvelle mettra plusieurs heures à annoncer que le camarade Hu Jintao a été pris d'un malaise et qu'il se sent mieux. Le communiqué émane du seul service en langue anglaise, les images de la scène ont été diffusées partout sauf en Chine. Le monde a compris qu'il y a un seul Fils du Ciel, les Chinois le savaient déjà.

À soixante-neuf ans, Xi Jinping est intronisé pour un troisième mandat de cinq ans. Aucun successeur n'est désigné : la voie est ouverte à son maintien à vie. Dès 2017, lors du congrès précédent, la charte du Parti a été modifiée, supprimant la limitation mise en place à la mort de Mao pour freiner la concentration et la personnalisation excessives du pouvoir. Depuis la fin de son premier mandat, la pensée de Xi « sur le socialisme à la chinoise de la nouvelle ère » y figure au même titre que celle du « Grand Timonier ». « Le Grand Navigateur » entend désormais s'inscrire comme son successeur en ligne directe.

Maître du Parti et de l'armée depuis 2012, Xi n'a cessé de durcir ses méthodes et d'éliminer toute forme de contestation. Son emprise sur tous les rouages du système a été méthodique et sans pitié. En priorité, la consolidation du Parti en le purgeant de ceux qui pourraient faire ombrage ou se sont enrichis de façon trop visible. Des exécutions capitales, beaucoup de disparitions inexpliquées, une campagne contre « les profiteurs », encensée par les médias de propagande, ont consolidé la popularité du nouvel Empereur. Quelque six millions de responsables du Parti, de militaires ou de civils auraient ainsi été mis au ban de la société. L'irruption d'une pandémie née dans le marché au frais de Wuhan l'hiver 2019 et un premier confinement massif imposé un mois plus tard à une province de cinquante-six millions d'habitants ont illustré l'efficacité sans merci du pouvoir central comme sa capacité de déni – à ce jour aucune enquête internationale indépendante n'a pu confirmer l'origine d'un virus qui contamine toujours la planète. Les vaccins occidentaux, plus efficaces que les chinois, sont toujours interdits. À la moindre apparition de nouvelles contaminations, des villes entières ont été confinées à nouveau, les voyages dans l'espace intérieur découragés. Le pays reste fermé, replié sur lui-même, et fonctionne au ralenti.

Au printemps 2022, prisonnière d'une stratégie du « zéro Covid » muée en idéologie, l'économie chinoise est frappée de plein fouet par le rebond de la pandémie. Le SARS-CoV-2 a muté – le variant Omicron a surgi avec un temps de retard par rapport à l'Europe, mais sa propagation s'avère fulgurante. Shanghai, la capitale économique, vingt-huit millions cinq cent mille habitants, subit pendant plus de deux mois un confinement brutal. À l'échelle nationale, la croissance fléchit au rythme de la consommation intérieure, le chômage augmente, l'inflation sévit. En plein congrès du Parti, pas question cependant de mettre en doute la politique sanitaire incarnée par Xi Jinping lui-même, quels que soient les risques de compromettre la reprise économique et d'ébranler le contrat social garantissant au régime l'adhésion d'une immense classe moyenne droguée à la consommation à outrance. À ses titres officiels – secrétaire général du Parti, président de la République et président de la Commission militaire centrale, n'en a-t-il pas ajouté un quatrième : commandant en chef de la guerre du peuple contre le Covid-19 ?

Un mois plus tard, fin novembre 2022, un mouvement de protestation sans précédent soulève plusieurs villes chinoises. À Shanghai, à Pékin et d'autres grandes métropoles, les feuilles blanches brandies par des étudiants en colère ébranlent l'obstination officielle. Certains vont jusqu'à hurler leur détestation du pouvoir. La volte-face est brutale : sans l'énoncer officiellement, le régime lève les contrôles sanitaires, laissant libre cours à l'épidémie et plongeant des millions de Chinois dans le désarroi. Hôpitaux et crématoriums sont rapidement submergés, médicaments et matériel de première nécessité s'avèrent insuffisants. Il n'est plus question de « la glorieuse victoire du peuple sur le virus sous le fort leadership du Comité central du PCC avec Xi Jinping comme noyau ». La propagande, un moment désorientée, change de registre : « À chacun de prendre soin de soi », proclament d'immenses panneaux sur les murs des villes. « Privilégions l'économie à tout prix ! »

À l'orée de son troisième mandat, en pleine épidémie, voilà Xi Jinping face au double défi qui hante depuis toujours le pouvoir chinois : maintenir la stabilité sociale et relancer la croissance économique qui en est le ciment.

Dans la Chine communiste comme aux États-Unis, quelque 1 % de la population, tout en haut de la pyramide des richesses nationales, en possède plus du tiers. À la différence des grands noms du capitalisme américain, c'est en deux générations à peine que des hommes et quelques femmes, s'extirpant pour les plus âgés d'une misère sans fond aggravée par la Révolution culturelle, ont édifié des empires, rattrapé et parfois dépassé leurs concurrents internationaux, quitte à les copier sans vergogne, accumulant des fortunes immenses, imprimant leurs choix et même leurs goûts à des pans entiers du commerce mondialisé. On connaît à peine leur nom, encore moins leur histoire, intimement mêlés aux soubresauts politiques et aux méandres des réseaux familiaux. À coup de prébendes et de distribution sélective de ses faveurs, le Parti n'a jamais été très éloigné du développement spectaculaire de l'économie chinoise. Avec Xi, la voilà sous coupe réglée.

En 2020, selon le classement du magazine américain *Fortune*, trente-deux groupes privés chinois figurent parmi les cinq cents compagnies les plus rentables du monde alors qu'il n'y en avait aucun en 2005. Ce sont ceux-là qui contrôlent à l'époque un peu plus de la moitié des sociétés chinoises cotées en Bourse – dix ans plus tôt, elles ne représentaient que 10 %. Depuis 2021, la part du secteur privé fléchit[1] de façon significative. Le poids de ces sociétés au sein des cent premières capitalisations mondiales baisse de 25 %.

Le maître de la Chine a imposé un tournant politique majeur. Au nom du partage et du mantra ressuscité de « la prospérité commune », le pouvoir a resserré son étreinte sur les géants de la technologie, de l'industrie, du commerce et de l'immobilier, ceux-là mêmes qui en moins de quarante ans ont permis à la Chine la formidable accélération de son économie. En quelques jours, Alibaba, Didi, Tencent, Huawei, Fossun, Pinduodo, ByteDance, Evergrande, Country Garden et bien d'autres ont perdu par milliards une partie de leur valeur boursière. Leurs dirigeants courbent l'échine, démissionnent ou disparaissent quelque temps, anxieux de faire au Parti leurs offrandes, rivalisant d'allégeance au président lui-même. Au risque d'en casser les ressorts, la bureaucratie d'État s'efforce de reprendre le contrôle des secteurs les plus dynamiques, de la high-tech à l'intelligence artificielle en passant par l'éducation et l'industrie culturelle. Au même moment, les États-Unis, déterminés à maintenir leur suprématie technologique, entravent les exportations vers la Chine de microprocesseurs et fourbissent leur arsenal, conforté par le pouvoir extraterritorial du dollar.

Le « rêve chinois », exalté par Xi Jinping depuis son accession au pouvoir, entend restaurer l'incomparable grandeur du pays d'ici à 2050. Maître des horloges et des outils numériques, tout à son ambition d'affirmer son rôle de grande puissance et d'imposer la prééminence de la Chine face au grand rival américain, l'Empereur va-t-il briser l'élan de la deuxième économie mondiale et compromettre ses chances d'y parvenir ?

1

Enrichissez-vous !

L'amnésie et la réécriture permanente de l'histoire sont l'apanage des régimes autoritaires. Jamais le Parti, qui dirige la République populaire de Chine depuis 1949, n'a reconnu ses errements, jamais, depuis plusieurs générations, les Chinois n'ont pu obtenir réparation de ses crimes, ni même en connaître la portée. Le Parti n'est-il pas, selon sa devise, « grand, glorieux et juste » ? De 1958 à 1962, le Grand Bond en avant, voulu par Mao Zedong pour stimuler l'agriculture et développer l'économie, a fait mourir de faim trente-six millions de personnes – pas question d'autoriser les recherches académiques sur le sujet, encore moins d'enseigner cette période aux jeunes générations. De 1966 à sa mort, en 1976, Mao déclenche et entretient les feux dévastateurs de la Révolution culturelle où périront vingt millions de gens, tandis que des millions d'autres en resteront marqués à vie[1]. Le jeune Xi Jinping, son père, Xi Zhongxun, et toute sa famille ont fait partie de ceux-là – c'est sans doute la raison pour laquelle, en 2021, quand le Parti revisite son histoire à l'occasion du centenaire de sa fondation, une résolution du

Comité central dresse ce constat surprenant : « Alors que les erreurs théoriques et pratiques du camarade Mao Zedong en matière de lutte des classes dans la société socialiste faisaient tache d'huile, le Comité central n'a pas réagi à temps pour rétablir le cap. Là-dessus, le camarade Mao Zedong a déclenché et dirigé la Révolution culturelle qu'il jugeait – à tort – nécessaire[2]. » Ce fut « un désastre » reconnaît le texte qui vante « la nouvelle ère » lancée par le maître de la Chine.

Xi Jinping interdit d'ordinaire toute mise en cause publique du passé – « le nihilisme historique » et la transparence seraient responsables, selon lui, de l'écroulement de l'Union soviétique dont il ne cesse de ressasser l'exemple.

Au lendemain de la mort de Mao, Deng Xiaoping, ancien ouvrier tourneur chez Renault dans les années 1920, compagnon de la Longue Marche, relégué pendant quatre ans pour « révisionnisme » dans une usine de tracteurs au fin fond du Jiangxi, en déduit que la concentration et la personnalisation à outrance du pouvoir nuisent à la réussite de l'idéal marxiste-léniniste. Revenu au sommet du système sous couvert d'une direction collégiale en 1978, Deng proclame « les Quatre Modernisations », enclenchant un cycle de réformes sans précédent dans les domaines jugés prioritaires : défense, industrie, science et technologies, agriculture. Avec l'ouverture du pays aux échanges, l'allégement des contraintes pesant sur l'initiative individuelle sous le contrôle assoupli du Parti, l'objectif est désormais de fonder « une économie de marché socialiste aux caractéristiques chinoises ». Qu'importe l'oxymore, qui sera inscrit dans la Constitution après sa mort : c'est bien le socle idéologique du plus formidable développement économique de l'histoire contemporaine, et le début des bouleversements actuels d'un monde désormais interdépendant. En quarante ans le produit national brut a été multiplié par soixante-quinze, et 800 millions de personnes ont échappé à la pauvreté. Le revenu moyen en Chine était de 195 euros par personne et par an en 1980 ; aujourd'hui il dépasse les 17 000 euros.

« Que le chat soit blanc ou qu'il soit noir, s'il attrape la souris c'est un bon chat ! » De tous les aphorismes prêtés à Deng Xiaoping, celui-là suffit à débrider le génie d'un peuple à la longue tradition commerçante et à provoquer dans le désordre un bouillonnement subit d'initiatives en tous genres. L'État-Parti desserre son emprise. « Le Parti a compris que, sous peine de voir ruinées la modernisation de la Chine et la cause du socialisme, il devait embrasser la réforme et l'ouverture comme son unique voie de salut », explique la résolution adoptée en 2021 par le Comité central pour justifier la réforme et l'ouverture déclenchées à partir de 1978.

L'enrichissement tapageur de nombre d'officiels et l'accentuation brutale des disparités sociales provoquent rapidement des mouvements de contestation réprimés sans merci – en 1989 Deng soutiendra le massacre de Tiananmen, écrasant des étudiants qui dénonçaient autant la corruption du Parti que l'asphyxie des libertés. Tout au long du développement économique du pays, quels que soient les soubresauts au sommet et ses incarnations successives, le pouvoir communiste devra sans cesse arbitrer entre le mouvement et la stagnation, entre la stabilité et le désordre, entre la croissance et le contrôle. L'objectif, lui, ne varie pas : maintenir le règne du Parti. Comme le prescrit sa charte, amendée en 2017, « Parti, gouvernement, armée, société et éducation – à l'est, à l'ouest, au sud et au nord, le Parti dirige sur tous les fronts ».

La photo date précisément de 1989. En chemise, souriants, complices et déjà concurrents, « les gentlemen de Wantong » posent devant des barres d'immeubles en construction. Peu importe leurs noms. Tous deviendront milliardaires pendant quelques jours, quelques mois ou pour les trente ans à venir. Venus sans un sou de toutes les régions de Chine, ils se sont précipités dans le sud du pays, sur l'île de Hainan, prêts à dormir par terre et à faire bouillir dans une même casserole leurs maigres portions de nouilles. Ils veulent prendre part à cette aventure sans précédent : l'ouverture à l'initiative privée de secteurs économiques jusque-là entièrement sous le contrôle d'un État dont l'incurie menait le pays à l'asphyxie. Ils ne savent pas qu'au même moment, à Pékin, sur la place Tiananmen, le régime allait réprimer dans le sang les aspirations d'étudiants à peine plus jeunes qu'eux. Quelques récits de l'époque nous sont parvenus qui racontent à la fois la fièvre qui saisit alors ces premiers aventuriers du capitalisme à la chinoise, leur émerveillement et souvent leur naïveté face à un bouleversement où le Parti communiste ne perd jamais tout à fait la main.

« Cent mille talents se sont précipités dans cette nouvelle aire de liberté pour suivre leurs rêves, raconte un certain Chi Fulin. Quand les aventuriers sont venus, les journaux froissés ont commencé à joncher le sol, on cuisait des nouilles sur des briques dans la rue. Les temps étaient durs, mais les gens chantaient et récitaient des poèmes, l'enthousiasme nous gonflait. »

Hainan fait partie des quelques « zones économiques spéciales » décrétées par Deng Xiaoping. L'homme fort du régime, dont il préside officiellement la commission militaire centrale, a pris acte de l'éclatante prospérité de Hong Kong, alors colonie britannique. Il a ouvert aux investisseurs, sur la côte d'en face, ce qui n'est alors qu'un petit village de pêcheurs, Shenzhen. Ont aussitôt afflué capitaux et entrepreneurs de la diaspora chinoise attirés par cette expérience inédite. Les terrains de la région échappent désormais à la propriété exclusive d'un État qui contrôle encore la plupart des activités agricoles et industrielles. Le succès de la libéralisation est immédiat. Le village devient l'embryon d'une mégalopole industrielle qui compte aujourd'hui près de treize millions d'habitants et abrite quelques-uns des plus grands conglomérats technologiques chinois. À l'époque, le responsable régional de l'opération s'appelle Xi Zhongxun – le père de Xi Jinping.

En 1988, c'est au tour de Hainan de bénéficier du même statut. Surnommée « l'île du bout du monde », plus grande que la Belgique et plus pauvre encore que le continent, dépourvue d'infrastructures de base, elle va néanmoins attirer par centaines « des aventuriers de l'autre côté de la mer », comme les surnomment les insulaires. S'improvisant aussitôt investisseurs, ces nouveaux venus vont se ruer sur les terrains dénationalisés, les achetant et les revendant avec une frénésie telle que trois ans plus tard un premier boom immobilier fait exploser les prix.

Le récit le plus festif de ces années folles à Hainan, on le doit à Zhang Buoquang, un producteur de films qui s'est improvisé un temps promoteur immobilier :

> À l'époque, c'était fou, tout le monde jouait à se refiler la patate chaude. Un va-nu-pieds pouvait, en une nuit, devenir un multimillionnaire. La vitesse à laquelle on devenait riche à Hainan à l'époque ferait pâlir d'envie tous les millionnaires d'aujourd'hui !... J'ai connu quelqu'un qui venait de Pékin et qui avait emprunté 2 millions de yuans pour faire fortune à Hainan. À son arrivée, il a acheté deux Mercedes et invité les gens haut placés à manger au restaurant et à se divertir. Grâce à ces relations, il a obtenu du gouvernement beaucoup de terrains et commencé à faire de l'argent dessus. Fort de ses bons résultats, il est retourné dans sa ville natale couvert de gloire et a proposé un stratagème pour supprimer la pauvreté dans son comté : il s'est fait prêter 2 autres millions de yuans et a promis de multiplier la somme par

trois avant de tout leur reverser. Il a acheté de la terre à Hainan, puis la bulle a éclaté. Il est soudain devenu un *fuweng* (riche en dettes). Les gens de sa ville natale l'ont accusé d'être un escroc, d'avoir poussé des gens au suicide, finalement la police l'a arrêté. Ils l'ont torturé jusqu'à la mort. »

Plus de cinq mille sociétés ont surgi de terre. Le mètre carré devient plus coûteux qu'à Pékin ou Shanghai. La spéculation est telle qu'une expression nouvelle apparaît : « battre le tambour et passer les fleurs ». En l'occurrence, les fleurs sont des projets de construction, proposés sur plan, à des banques publiques qui se les arrachent – les mêmes sont revendus plusieurs fois, parfois étage par étage, et n'aboutiront jamais. À la manœuvre, des dirigeants soucieux de gonfler leurs résultats pour briller aux yeux des autorités, quitte à laisser des logements vides et à éviter ainsi une éventuelle mise en cause administrative ou judiciaire. Les plus actifs et les plus retors sont ces nouveaux venus accourus en masse, rivalisant d'audace pour trouver des financements auprès des banques qui ne leur imposent aucun plafond, à condition qu'ils disposent des bons contacts politiques. Très vite, les établissements financiers sont submergés de faux actifs et les tribunaux inondés de litiges – on compte sept ou huit procès par bâtiment inachevé, et des créanciers par douzaines.

Le gouvernement central est contraint de réagir. Le couperet tombe. Les fonds bancaires investis dans l'immobilier seront mis sous contrôle, le crédit sera limité et les taux d'intérêt relevés pour décourager les spéculateurs. La croissance s'effondre. L'île reste parsemée d'immeubles inachevés, vestiges en béton de cette première bulle immobilière qu'une banque de développement dédiée, créée par le gouvernement local, mettra dix ans à digérer.

Au début des années 1990, Xian Duxin est l'un des hommes les plus riches du pays. Il occupe la troisième place du classement du magazine américain *Forbes*, qui inclut pour la première fois la Chine dans son recensement annuel. Né à Hainan, il fait commerce de voitures d'occasion entre Pékin, Shanghai et son île natale. Un jour de pluie, se souvient-il, il découvre dans le journal une information stupéfiante : Deng Xiaoping annonce « l'ouverture ». « Mon cœur a bondi dans ma poitrine, se rappelle-t-il. Pour être honnête, je ne savais pas ce que signifiait "l'ouverture". J'ai passé toute la nuit à lire et relire cet article, sans comprendre ce terme. Mais je sentais que c'était une occasion à ne pas manquer… Facile d'obtenir une lettre d'approbation quand on a des relations ! Et j'en avais. » Il fait affaire avec le secrétaire adjoint du comité du Parti de la région, obtient le droit d'importer treize mille voitures dans l'île et de les revendre avec une belle marge. « J'étais tellement excité que je ne pouvais pas dormir la nuit… au début presque tout le monde sur l'île de Hainan ne parlait que de voitures ! » Le Conseil des affaires d'État met un terme à ce premier emballement, des dizaines de spéculateurs sont arrêtés, et Xian Duxin juge préférable de se réfugier sur le continent. De retour dans son île, il démarre une usine de galvanoplastie, une autre d'essences médicales et une société d'import-export. En 1988, le premier secrétaire du comité provincial du Parti laisse entendre que le développement voulu par Deng Xiaoping nécessite un énorme soutien financier : il comprend que la libéralisation des terres va attirer les capitaux et que l'immobilier jouera un rôle décisif. Grâce à ses relations, il obtient un prêt de 20 millions de yuans auprès d'une banque locale et lance un projet immobilier de 150 millions de yuans dans le centre de Sanya, la ville principale. En 1992, Deng Xiaoping entreprend une nouvelle tournée des provinces du Sud pour encourager le développement économique. Des capitaux affluent alors de toute la Chine. « Il y avait partout des publicités immobilières, des prospectus multicolores qui volaient dans l'avenue principale, se souvient Xian Duxin. Il suffisait de passer un coup de téléphone pour faire des affaires, tout le monde pouvait y arriver. » Le Parti n'est jamais loin : le voilà « élu » membre du Comité national de la Conférence consultative politique du peuple chinois – « une reconnaissance spéciale, qui montre que les entreprises privées peuvent s'investir dans la scène politique », s'enorgueillit-il. Grisé par ses succès, il n'écoute pas le patron de la succursale locale de la Banque populaire de Chine, qui anticipe un contrôle beaucoup plus strict de la part des autorités. Xian refuse de vendre ses terrains. En quelques jours, il est ruiné.

« Hainan, c'était comme une grande salle de classe, conclut Zhang Buoquang, le producteur de films. On jouait, et en très peu de temps on s'initiait concrètement au fonctionnement du marché [...]. Cette crise a beaucoup appris à de nombreux entrepreneurs, qui ont ensuite réussi[3]. »

Dans leur rusticité, de tels récits racontent ces années d'initiation à la liberté d'entreprendre où investisseurs et responsables politiques apprennent à ajuster leurs intérêts. Ils illustrent aussi une tradition chinoise ancestrale, qu'expliquent à la fois la dimension du pays, la distance entre le pouvoir central et les potentats locaux, et l'organisation même du régime communiste : aucune affaire, aucune tractation, aucune négociation, fût-ce d'un villageois à un autre, ne se fait sans intermédiaires, sans intervention d'un membre ou un autre du *guanxi*, ce réseau de relations utiles, indispensables et mutuellement profitables. En première ligne, bien sûr, le Parti et ses innombrables représentants, nichés dans tous les recoins de la société.

Sous l'impulsion de Deng Xiaoping, le pragmatisme domine, il faut aller vite. Qu'importe le schéma des entreprises naissantes, souvent issues de structures d'État, collectives ou non, municipales ou régionales : si un marché existe, elles n'ont qu'à s'adapter en fonction de la demande. À la différence du démantèlement de l'économie dans une Union soviétique à l'agonie, il n'y a pas eu en Chine de privatisations massives de secteurs entiers d'activité.

On constate plutôt un bourgeonnement d'initiatives dont l'organisation et le statut évoluent en fonction des circonstances. Des micro-entreprises familiales prospèrent ou s'effondrent, changeant facilement d'activité selon les occasions. Une main-d'œuvre abondante et bon marché accompagne une urbanisation rapide. Des entreprises locales grossissent jusqu'à devenir des multinationales, dont un ou plusieurs dirigeants s'octroient le contrôle dans une complète opacité, à condition bien sûr de récompenser leurs réseaux. On ne constate aucune tentative de copier le modèle occidental, d'autant que la règle de droit n'existe pas : le capitalisme à la chinoise devient hybride, inclassable, truffé de zones grises où tous les coups sont permis dans les limites de ce que les clans au pouvoir tolèrent tout en partageant quelques bénéfices. Les lois sont confuses, parfois rétroactives, les règlements contradictoires et les recours en justice malléables selon la capacité d'influence des protagonistes. La concurrence s'installe entre les bureaucraties régionales, soucieuses de s'enrichir et de briller aux yeux du pouvoir central. Les baronnies locales se multiplient, au risque de rivaliser inutilement dans les mêmes secteurs de production. Dans ce grand bazar, tant pis pour les brèches béantes infligées à l'égalitarisme, pourtant le dogme fondateur de la doctrine communiste. Deng Xiaoping lui-même n'en a-t-il pas approuvé le principe ? « Il faut qu'un petit groupe s'enrichisse en premier avant d'aider les autres », a-t-il énoncé.

Jiang Zemin, ancien maire de Shanghai, devient secrétaire général du Parti en 1989 et chef de l'État en 1993, cumulant les deux fonctions jusqu'en 2003. Avec lui, le jeu devient plus simple : il fait entrer les entrepreneurs à succès dans les structures politiques. Les milliardaires prennent leur carte, rejoignant différentes instances selon leurs poids et leurs affinités. La décentralisation et l'élasticité du contrôle exercé par le pouvoir central favorisent l'élan général. Corruption et clientélisme accompagnent un développement économique sans précédent, à la mesure de l'immense marché intérieur qui s'ouvre tout à coup à la consommation. Les Occidentaux s'y ruent, les investissements étrangers se multiplient, la Chine devient l'usine du monde. Une génération d'entrepreneurs a brutalement surgi de l'anonymat communiste – des hommes, mais aussi des femmes, affamés de conquêtes, ivres de ce luxe que les grandes marques occidentales sont prêtes à assouvir, soucieux de contribuer à l'édification d'un pays et d'une société où tout paraît possible. La Chine sort de la misère, et des centaines de millions de gens en bénéficient.

Le niveau de vie augmente, même si les campagnes restent à la traîne. Une classe moyenne prend forme dans les villes-champignons. Les inégalités sociales se creusent mais il n'est pas bon de s'en indigner publiquement.

En 2003, un fait divers retentissant illustre les ambiguïtés idéologiques de l'époque. Li Haicang, un milliardaire de Wenxi qui a fait fortune dans l'acier, vice-président de la Fédération nationale de l'industrie et du commerce, membre du comité consultatif du Parti, au parcours exemplaire selon la presse locale, est abattu dans son bureau par un ancien collaborateur, perclus de dettes, qui se suicide aussitôt. Un journal de Shanghai, le *Guoji Jinrong Bao*, publie alors un éditorial embarrassé :

> Le décès a été l'occasion de s'émouvoir à nouveau de « la haine pour les riches » qui imprègne notre société. Les médias ont appelé une fois de plus la population à se forger une représentation plus appropriée de la richesse. Néanmoins, nous ne pouvons nous voiler la face : une approche adéquate de cette notion suppose le respect des incitations institutionnelles à la création de richesses et doit prendre racine dans une juste protection par la société de ses membres les plus pauvres. Il faut rendre à la richesse ses lettres de noblesse pour lui permettre d'œuvrer pour le bien commun[4].

En 2001, la Chine rejoint l'Organisation mondiale du commerce après de longues négociations avec les États-Unis et les Européens. Les investisseurs étrangers s'y précipitent, les exportations s'envolent. Tout à leur émerveillement devant le dynamisme et le potentiel chinois, les Occidentaux veulent y voir l'annonce d'une évolution certaine vers l'économie de marché et un désir inéluctable pour plus de démocratie. Beaucoup croient alors à ce que Francis Fukuyama appelle « la fin de l'histoire », et à la victoire finale du libéralisme jusqu'en Chine.

Succédant à Jiang Zemin, Hu Jintao, au pouvoir jusqu'en 2012, poursuit la même trajectoire que son prédécesseur tout en réintroduisant quelques méthodes de contrôle des activités économiques au nom « d'une société socialiste harmonieuse ». Au sommet, les divisions et les débats sans fin entre factions rivales profitent aux affairistes. Le comportement de ses proches, à commencer par celui de la famille du Premier ministre, Wen Jiabao, raconté de façon savoureuse par Desmond Shu, démontre le degré de népotisme et de prévarication qui gangrène le système chinois.

Réfugié à Londres, l'homme d'affaires explique dans *La Roulette chinoise* comment celle qui était alors son épouse devient la confidente et la conseillère de « Tante Zhang », la femme de Wen Jiaobao[5]. Celle-ci réussit à être la partenaire de plusieurs opérations lucratives par la seule magie de l'influence qu'on lui prête. En 2012, une enquête du *New York Times* évaluera la fortune de la famille Wen à quelque 2 milliards de dollars. En guise de rétorsion, le pouvoir bloque le site Internet du journal et dénonce un complot des États-Unis contre les intérêts supérieurs de la nation.

La règle des 30 % de commission est communément admise – les dignitaires haut placés et leur parentèle proche ou éloignée participent à leur façon à la croissance exubérante de l'époque et perçoivent leur dîme. Encore faut-il maîtriser l'art subtil de la navigation dans les arcanes du Parti, miser sur les éléments les plus prometteurs, déceler à temps les signes de disgrâce, et effacer au moment opportun les excès trop voyants des richesses acquises.

Dans *Mr China. Comment perdre 450 millions de dollars à Pékin après avoir fait fortune à Wall Street*, Tim Clissold, ancien patron d'Asimco, l'un des premiers fonds d'investissement à s'y hasarder, décrit avec verve les mœurs de l'époque : « Le marché est le royaume des oukases, des fausses lettres de crédit, des juges qui ne comprennent rien à un dossier mais rendent quand même un jugement, et des agents anticorruption qui, avant d'accepter une enquête, réclament une voiture ou une valise d'argent liquide. Si vous respectez les règles, vous êtes foutu[6] ! »

En 2004, la Constitution chinoise a été modifiée pour reconnaître le droit à la propriété privée. D'après le magazine *Hurun* qui, à l'instar du *Forbes* américain, publie annuellement le classement des grandes fortunes locales, la Chine compte dans les années 2010 plus d'un millier de milliardaires rouges, et plus d'un million de millionnaires en dollars.

C'est l'époque des courses en Ferrari sur les boulevards extérieurs de Pékin, de l'envolée des jets privés, des répliques en marbre et or massif des châteaux de Versailles ou de Chambord, des magnums de grands crus ingurgités comme du soda, des fausses étiquettes de mouton-rothschild collées sur des bouteilles de piquette, et de l'émergence d'un art contemporain qui donne lieu à une spéculation effrénée. Dans les grandes villes, on voit apparaître à l'américaine des quartiers luxueux protégés de barrières gardées, et des rixes entre gardes du corps aux abords des clubs privés où se traitent les affaires confidentielles contre un droit d'entrée de 1 million de dollars. Le comble du chic : prendre un prénom américain accolé à son patronyme chinois. Hong Kong, encore colonie britannique, devient le havre de cette aristocratie rouge qui, contre dollars et passe-droits, vend ses services aux investisseurs occidentaux pressés de prendre part à la fête. Les nouveaux riches y achètent leur entrée dans les cercles d'influence américains et britanniques, et beaucoup d'immobilier – on se souvient d'un appartement sur la corniche dont la propriétaire chinoise ne se servait que pour y entreposer ses chaussures... Crédit suisse et JP Morgan, dont le programme s'intitulait simplement « Fils et filles », reconnaîtront les faits et devront s'acquitter de lourdes amendes pour pratiques frauduleuses après enquête de la Securities and Exchange Commission américaine.

C'est aussi l'époque où, en une trentaine d'années seulement, des individus singuliers écrivent la grande histoire du capitalisme chinois, imposant leur signature ou leur enseigne dans le grand jeu mondial. Dans leur pays ils seront quelque temps traités en héros, donnant l'exemple à une génération avide de réussite, fière des immenses progrès accomplis sous ses yeux. Mais le régime veille au grain – il ne peut y avoir qu'un seul Fils du Ciel.

En novembre 2012, Xi Jinping succède à Hu Jintao à la tête du Parti communiste chinois ; quelques mois plus tard il devient président. En dix ans, il va modeler le pouvoir à sa main et bouleverser les règles du jeu.

2

Une affaire de couple

Quelques oranges peuvent décider d'un destin. À Hainan, au début des folles années 1990, Pan Shiyi offre ces fruits à un employé du bureau de la Planification et obtient en échange des documents démontrant l'ampleur de la bulle spéculative qui s'aggrave dans l'île. Il vend aussitôt ses immeubles, empoche son premier million et monte à Pékin.

Pan vient d'un village pauvre du Gansu, une province rurale du Nord-Ouest où la Révolution culturelle envoyait volontiers des « bourgeois pervertis » subir leur rééducation politique. Sa famille a été reléguée là très tôt, dès la victoire communiste sur le Kuomintang de Tchang Kaï-chek. Ils vivent dans une hutte à peine chauffée par un poêle à charbon. L'école est à 10 kilomètres à pied, parcourus souvent sans chaussures. Pan raconte un jour à ses camarades que son grand-père a appartenu au Parti nationaliste lors de la guerre civile. L'instituteur organise alors aussitôt des sessions de critique politique : ses copains lui crachent au visage, il va se rincer dans la rivière. Il rentre chez lui sans rien dire, mais le souvenir de l'humiliation le détournera à jamais de la politique.

Formé par un oncle mathématicien, il est admis dans une école technique de la capitale du Gansu, et décroche une bourse universitaire pour devenir ingénieur dans l'industrie pétrolière. Au ministère du Pétrole, employé du Bureau administratif des pipelines, il s'ennuie. « J'ai répondu à l'appel de Deng Xiaoping quand il nous a demandé de nous enrichir ! raconte-t-il dans l'un des nombreux entretiens qu'il accordera au fil des années aux réseaux sociaux : Je suis arrivé dans l'île de Hainan en bateau, par nuit noire. Le lendemain, je me réveille et je vois que cent cinquante mille personnes ont eu la même idée[1] ! » À 26 ans, comme tout le monde, il se lance dans l'immobilier. « Au début, je n'arrivais pas à y croire, je n'osais même pas signer. Tu concluais une transaction au premier étage, et le temps de monter au sixième étage le prix avait déjà augmenté et tu pouvais revendre. Quand j'y repense, c'était effrayant... on s'échangeait un trou dans la terre comme si c'était un immeuble bâti ! »

En 1992, installé à Pékin, il crée avec ses copains de Hainan une nouvelle société immobilière, la Beijing Wantong Industrial Company. « L'immobilier, à l'époque, c'était presque une évidence pour quiconque voulait prospérer rapidement. Les gens vivaient dans des taudis, les paysans cherchaient du travail en ville et dormaient dans la rue ou dans des cabanes. Et le gouvernement voulait en finir avec les vieux quartiers, les *hutong*, à Pékin, c'était l'urbanisation à marche forcée ! [...] C'est une époque où, si tu connaissais le maire d'une ville, il t'appelait, tu entrais dans son bureau, tu signais un papier et tu sortais avec un contrat pour construire un quartier entier ! Tu prenais un commercial, un secrétaire, un chauffeur, et tu faisais le tour du pays en proposant tes services. Il n'y avait aucune limite... »

Dans ce Far West à la chinoise, l'immobilier devient la locomotive d'un développement éperdu, que Pan justifiera quelques années plus tard. « C'était un moment incroyable pour nous, mais aussi pour l'immense partie de la population qui se logeait misérablement. Il y a trente ans, on comptait 2 mètres carrés par habitant dans le pays. Aujourd'hui, c'est 30 mètres carrés. En quelques décennies, en partant de rien, on a rattrapé le niveau des pays développés. On a servi la croissance économique de la Chine. On a procuré des biens solides aux Chinois. Cela faisait des décennies qu'ils vivaient dans la misère et n'arrivaient même pas à manger de la viande une fois par mois. Avant, on ne possédait rien. En construisant pour les uns, on employait les autres, et tout le monde y trouvait son compte. »

Avec son épouse, Zhang Xin, rencontrée en 1995, Pan comprend vite qu'il faut proposer à ces habitants de Pékin et de Shanghai, dont le niveau de vie augmente au rythme de l'expansion économique, des logements et des bureaux plus en phase avec leurs nouvelles aspirations. Ensemble ils fondent Soho, qui propose des immeubles combinant appartements spacieux et locaux professionnels au goût du jour. En dix ans, le groupe devient le premier promoteur chinois d'immobilier de prestige.

« Un vrai plouc de la campagne ! » juge Zhang Xin quand elle rencontre Pan à Pékin pour la première fois. Il lui propose le mariage quatre jours plus tard. Elle vient d'un milieu un peu plus privilégié – nés en Birmanie, ses parents font partie de cette communauté de « Chinois de l'étranger » encouragés à rentrer au pays dans les années 1950 et considérés comme des atouts par la jeune République communiste. Ils bénéficieront d'un meilleur accès à l'éducation, à l'emploi, et de rations de riz, d'œufs, d'huile de cuisson plus abondantes pendant la Révolution culturelle. Le père entre au centre de presse des langues étrangères et devient traducteur officiel en langue birmane, la mère étudie l'anglais au lycée et rejoint à son tour le centre de presse. Quand Deng Xiaoping ouvre les portes de ce pays exsangue qui vivait en vase clos, ceux qui peuvent justifier de relations familiales à l'extérieur se ruent vers la sortie. La mère de Xin part pour Hong Kong avec ses seules possessions : une machine à coudre et un vélo. Les parents divorcent, Xin rejoint sa mère trois ans plus tard. Elle a 14 ans et va travailler dans un atelier de confection. Payée à la pièce le jour, elle s'efforce le soir, pendant cinq ans, de poursuivre son éducation. Une bourse du Commonwealth lui permet de partir à Oxford apprendre l'anglais et d'entreprendre un parcours universitaire à l'université de Sussex puis à Cambridge. Sa thèse de doctorat en économie porte sur les privatisations en Chine.

À l'affût des bouleversements en cours dans le pays, les financiers occidentaux s'arrachent les rares professionnels capables de faire la jonction entre des cultures aussi étrangères l'une à l'autre. Zhang Xin est embauchée par Goldman Sachs à Hong Kong et fait la navette avec le continent pour étudier les projets d'investissement proposés par des entreprises d'État. À l'époque, tout va très vite à Pékin, mais les capitaux sont rares. Le jeune couple crée sa propre société. Fort de l'expérience acquise à Hainan, Pan convainc une entreprise d'État de lui vendre un terrain contre les promesses de ventes sur plan de son premier immeuble. Occidentalisée, formée aux goûts européens, Xin organise une salle d'exposition où sont proposés des appartements décorés dans des styles différents. C'est la ruée, les gens font la queue pour découvrir ces nouveaux décors. Soho est lancé. Lors de la visite officielle du président Clinton en 1998, la jeune femme a les honneurs d'un reportage de la télévision américaine venue constater l'évolution de la Chine communiste…

Jusqu'en 2008, la croissance est ininterrompue. Pour accueillir les jeux Olympiques, Pékin s'est transformée à toute allure. Remodelant une bonne partie du centre-ville, le groupe Soho construit le nouveau quartier d'affaires en remportant la plupart des enchères publiques lancées dans une relative transparence. Ingénieur de formation, Pan Shiyi s'intéresse aux enjeux de l'environnement et à la pollution qui empoisonne la capitale chinoise, installant dans tous ses projets immobiliers des systèmes d'économie d'énergie et de purification de l'air. Le couple construit aussi des maisons contemporaines luxueuses confiées à des architectes asiatiques d'avant-garde, notamment dans « la Commune de la Grande Muraille », construite dans le secteur de Shuigan, où se rassemblent volontiers artistes et intellectuels. Ce projet remporte en 2002 le premier prix du jury de la Biennale de Venise, une première pour un groupe chinois. De grandes signatures comme les Japonais Kengo Kuma et Riken Yamamoto, le Français Philippe Starck et surtout l'Irako-Britannique Zaha Hadid sont appelées à collaborer. La dernière tour inaugurée à Pékin en 2019 porte sa griffe.

Autre originalité inspirée de la pratique américaine et de son histoire personnelle, le couple investit très tôt dans des activités philanthropiques qui servent son image autant que celle du groupe. Dès 2005, sa fondation finance des initiatives pour favoriser l'éducation de jeunes Chinois issus des zones rurales, et en 2014 des bourses à hauteur de 100 millions de dollars sont accordées à des étudiants admissibles dans les universités américaines Yale et Harvard. Surnommée « la femme qui reconstruit Pékin », Zhang Xin devient un personnage phare de la scène financière et culturelle de la capitale chinoise. Participant chaque année au Forum de Davos, elle acquiert rapidement une renommée internationale – en 2008, elle compte selon le magazine *Forbes* parmi les cent femmes les plus influentes du monde.

Cette année-là, juste avant que la Chine soit atteinte à son tour par la crise financière mondiale, Soho est introduit en Bourse à Hong Kong – l'opération assure la fortune du couple, qui en contrôle 54 %, et met le groupe à l'abri des vents contraires. Convaincu de la supériorité de ses méthodes face aux menaces de récession qui affaiblissent les économies occidentales, le régime se montre de plus en plus méfiant à l'égard du secteur privé. Le Parti communiste impose de nouvelles lois sur la sécurité nationale, contraignant les investisseurs à rendre compte de leurs activités comme de celles de leurs associés étrangers. Les entreprises d'État bénéficient d'un plan de soutien massif pour développer l'immobilier et les infrastructures. En province, les potentats locaux règnent en maîtres, la corruption bat son plein, le capitalisme chinois devient un capitalisme d'État.

C'est l'âge d'or des « princes rouges » – ces descendants directs ou apparentés des compagnons de Mao et des premiers militants de la révolution qui forment une sorte d'aristocratie aux multiples privilèges. À Pékin comme à Shanghai, eux et leurs familles bénéficient de leurs propres quartiers d'habitation, de leurs hôpitaux, de leurs écoles, de leurs magasins approvisionnés en produits étrangers, et se mélangent volontiers aux milieux d'affaires pour monnayer parrainages et connexions jusqu'au sommet du pouvoir.

Pan Shiyi est loin d'appartenir à cette caste – le souvenir de la purge dont ses proches ont été victimes reste vif. Dès qu'il en a eu les moyens, il a racheté à leurs familles d'adoption ses deux sœurs vendues par les parents qui ne pouvaient pas les nourrir. Son nom n'apparaît dans aucun des scandales éclaboussant à l'époque les caciques du Parti communiste. Sans en être officiellement membre, il siège quelque temps à l'assemblée de la municipalité de Pékin et reste proche du Département du Front uni du Comité central, censé encadrer les électrons libres du secteur privé. « Bien que je ne sois pas membre du Parti communiste, je voyage sur la même route que les membres du Parti communiste, explique-t-il en 2015. Je m'investis dans tout ce qui peut favoriser le progrès social. » Il commence alors à dénoncer le développement inconsidéré du secteur immobilier, conduit en particulier par des entreprises d'État en parfaite complicité avec les responsables locaux avides d'argent frais : « L'industrie immobilière ne devrait pas être un arbre gigantesque, elle devrait être comme une belette : l'immobilier ne peut se développer que si divers secteurs tels que l'industrie, l'agriculture et le tourisme se développent également. » Soho n'investit à grande échelle qu'à Pékin et à Shanghai, à l'écart des intrigues provinciales.

Au rythme spectaculaire du développement du groupe, Pan est devenu dans son pays une sorte d'oracle du business *made in China*. Il publie le *Soho Magazine* qui donne le ton en matière de design et d'architecture contemporains. Parmi les premiers en Chine à comprendre l'impact croissant des réseaux sociaux en matière d'image et de marketing, il alimente un blog où il distille avec humour ses souvenirs d'enfant pauvre, des conseils de bon sens et des observations sur la pollution qui s'aggrave à

Pékin. Dix-huit millions d'admirateurs le suivent sur Weibo, le Twitter national.

Son dialogue avec l'un de ses plus proches amis, Ren Zhiqiang, leur vaut un immense succès sur les réseaux, qu'ils considèrent alors comme un outil efficace contre la corruption ordinaire, celle du policier ou du fonctionnaire de base. Ren est lui aussi dans l'immobilier, à la tête d'une société publique, et il appartient à l'aristocratie rouge – fils de ministre, ancien administrateur de la Banque de Pékin, il est suivi par trente-huit millions d'internautes tant sa liberté de ton fait sensation. Son surnom : « le Canon ».

En 2012, peu de temps avant l'intronisation de Xi Jinping à la tête du Parti, Ren Zhiqiang n'hésite pas à provoquer les étudiants en management de la prestigieuse université de Pékin : « Si on observe attentivement, notre système [politique] est déjà pourri jusqu'à la corde... [...] Il faut choisir : voulons-nous une société communiste ou une société démocratique ? Vous tous qui êtes ici ! Tenez-vous debout, abattez le mur devant nous et fondez un système social-démocrate ! Ce système est pourri ! » Premier avertissement des autorités, son compte Weibo, le Twitter chinois, est immédiatement censuré. En 2017, lors d'une conférence réunissant les milieux financiers, Ren Zhiqiang récidive pourtant : « Si on regarde bien, la plupart des erreurs dans les décisions stratégiques [en Chine] sont des erreurs de politique gouvernementale. Les décisions stratégiques des entrepreneurs sont en général les bonnes [...].

Qui est vecteur de progrès dans la société ? Ce ne sont pas les politiciens, ce sont les entrepreneurs. Presque toujours, les politiques formulées par les politiques sont erronées. Je ne dis pas qu'elles le sont aujourd'hui, mais elles le seront peut-être demain[2]. »

En 2020, la pandémie du Covid-19 éclate à Wuhan. Ren, Pan et quelques autres de leurs amis partagent sur Weibo un texte critiquant l'absence de réaction appropriée du régime. Ren est aussitôt arrêté et condamné à dix-huit ans de prison ; son fils encourt une peine de dix ans.

Quand Xi Jinping succède à Hu Jintao à la tête de l'État, début 2013, les milieux d'affaires sont plutôt confiants ; ils l'imaginent plus soucieux de la discipline interne du Parti que d'une mise sous tutelle de ceux-là mêmes qui assurent le dynamisme de l'économie chinoise.

Pan Shiyi et Zhang Xin se méfient davantage. Leur ami Wang Gongquan, un ancien de Hainan, milliardaire lui aussi, engagé auprès du Mouvement des nouveaux citoyens, qui milite pour les droits de l'homme, a été arrêté en septembre 2013. Motif : troubles à l'ordre public. Pan réduit le rythme de parution de son blog sur Weibo, ne commentant plus que son jogging matinal et les floraisons sur les balcons de ses immeubles. Beaucoup de ses interlocuteurs voient leurs comptes bloqués ou disparaissent de la circulation.

Zhang Xin, son épouse, a entrepris depuis longtemps de diversifier leurs intérêts à l'étranger.

En 2010 et 2011, elle achète un premier immeuble à New York, le Park Avenue Plaza, puis, associée à la famille brésilienne Safra, 40 % de la tour General Motors pour 700 millions de dollars. C'est à l'époque le plus gros investissement privé chinois dans l'immobilier américain. Certains médias chinois commencent à critiquer le groupe : pourquoi vendre les immeubles de Shanghai ? Pan répond sur Weibo : « Acheter et vendre, c'est mon métier, pas la peine de s'inquiéter ! » La pollution à Pékin rend la vie quotidienne irrespirable – Pan Shiyi ne parle pas anglais, mais le couple passe de plus en plus de temps aux États-Unis et envoie ses deux fils en pension sur la Côte Est. Donateurs importants de l'université Harvard, les époux deviennent chercheurs associés à la Kennedy School of Government, impliqués dans les questions d'environnement et de changement climatique.

Classée huitième parmi les femmes les plus riches du monde selon l'institut chinois Hurun, Zhang Xin figure en bonne place dans l'enquête sur les paradis fiscaux publiée en 2014 par le Consortium international de journalistes d'investigation : elle détiendrait aux îles Vierges britanniques la société Commune Investment Ltd. Plusieurs grandes fortunes chinoises font ce détour pour se mettre à l'abri mais aussi pour lever des capitaux étrangers : la réglementation ne permet pas de le faire en Chine même. Depuis Deng Xiaoping, la pratique est autorisée – le propre beau-frère de Xi Jinping, Deng Jiagui, promoteur immobilier et investisseur dans les métaux rares, fait partie des quelque vingt mille Chinois friands de ces sociétés offshore, d'autant plus attractives que la place financière de Hong Kong échappe de moins en moins au contrôle de Pékin. Une fois Xi au pouvoir, la famille sera priée de mettre bon ordre dans ses affaires.

Tout en continuant à gérer le groupe immobilier, Zhang Xin s'installe à New York – Pan, lui, retourne régulièrement à Pékin. Elle maîtrise depuis longtemps les codes de la réussite à l'américaine : il s'agit d'investir largement, de façon visible, dans les endroits les plus prisés des milieux d'affaires et dans les institutions les plus prestigieuses aux yeux de « l'establishment ». C'est en fait, sur la Côte Est, la traduction du même système de *guanxi* – le réseau – pratiqué par les élites chinoises. Elle achète un hôtel particulier dans l'Upper East Side, une résidence dans les Hamptons, siège au conseil d'administration du musée d'Art moderne et de quelques institutions caritatives, participe aux travaux du Council on Foreign Relations, et octroie comme il se doit des donations considérables aux grandes universités.

En juin 2021, le monde émerge tant bien que mal de deux ans de pandémie. Le communiqué fait sensation : le fonds d'investissement américain Blackstone se porte acquéreur de Soho China pour un peu plus de 3 milliards de dollars. Seule condition : l'approbation de la transaction par l'Autorité de contrôle chinoise – en principe une formalité dans le secteur de l'immobilier. Steven Schwarzman, le cofondateur du fonds américain, a beaucoup investi en Chine.

Servant volontiers d'intermédiaire avec l'administration Trump, il cultive sa proximité avec le pouvoir à Pékin et finance à hauteur de 100 millions de dollars un programme de doctorat au sein de la prestigieuse université Tsinghua. Chaque année, des douzaines de « diplômés Schwarzman » en sont issus.

Cela n'a pas suffi. En septembre, la vente est annulée, Blackstone est renvoyé à d'autres projets et Soho perd aussitôt 40 % de sa valeur[3].

Les médias chinois se déchaînent. *Le Quotidien du peuple* parle de « prostitution » et de « liquidation ». Le hashtag « Ne laissez pas Pan Shiyi s'enfuir ! » fait florès sur Weibo. Le couple longtemps célébré comme un modèle de réussite et de sophistication à la chinoise est traîné dans la boue des réseaux sociaux. Le promoteur fait don de 1,3 million d'euros pour porter secours à la population frappée par les inondations du Henan, les médias n'en disent mot. En novembre, il récidive et offre la même somme à Tianshui, sa ville natale, dans le Gansu. Aucun écho public.

À Pékin, les autorités accumulent les sanctions contre le groupe. Le directeur financier est poursuivi pour délit d'initié, plusieurs filiales sont inculpées de fraude fiscale et de trafic des factures d'électricité. Pendant l'été 2022, le taux d'occupation des immeubles de Pékin chute de 80 %.

En septembre 2022, de guerre lasse, Pan Shiyi et Zhang Xin démissionnent de leurs fonctions à la tête de Soho tout en restant administrateurs[4]. L'entreprise est condamnée à une amende de 11,8 millions d'euros. En quelques mois, le groupe a perdu plus de la moitié de sa valeur.

À New York, Zhang Xin s'est lancée dans la production de films, Pan se consacre à la photographie, à l'apprentissage de l'anglais et à ses activités de mécénat – le couple n'est pas près de retourner en Chine.

3

Jack Ma, l'ivresse d'un empire

Lui vit désormais à Tokyo, et tout est mis en œuvre pour qu'il ne fasse plus parler de lui dans son pays. Ma Yun, dit Jack Ma, alias Crazy Jack ou Jack Magic, le fondateur d'Alibaba, a pourtant été le Chinois le plus célèbre du monde, sinon le plus riche, incarnant pour des centaines de millions de ses compatriotes l'idéal d'un capitalisme à la chinoise, célébré sur la scène mondiale, suffisamment américanisé pour faire rêver la jeunesse et néanmoins ancré dans une culture ancestrale au nationalisme fervent. Son histoire a servi les objectifs du parti-État, elle explique aussi sa brutale déchéance quand son pouvoir est apparu excessif aux yeux du seul empereur que le régime encense désormais : Xi Jinping.

Son départ de la scène, l'entrepreneur le plus inventif d'Asie l'avait annoncé et organisé de façon spectaculaire dès 2017. Xi Jinping commence un deuxième mandat, le régime se raidit face à l'exubérance des marchés et à la puissance des géants de la tech, mais Jack veut rester maître du jeu. Dans un show à l'américaine devant un public en transe – ses salariés pour la plupart, qui lui vouent une dévotion quasi mystique, Ma apparaît déguisé en chanteur punk, perruque, bagues, paillettes et rayons laser à l'appui, grattant sa guitare électrique. Il est alors au faîte de sa réussite, un modèle pour toute une génération qui a découvert goulûment les joies de la consommation grâce à ses plateformes marchandes, qui paie en ligne grâce à ses outils numériques, qui boit ses paroles lors de ses « conférences motivantes » sur Internet, qui dévore ses publications, imitant son goût pour les arts martiaux et la culture zen. Sa fortune s'élève alors à quelque 60 milliards de dollars, et il n'hésite pas à afficher ses plaisirs : une maison spectaculaire à Hong Kong, au sommet du pic Victoria, une réserve naturelle de 11 000 hectares dans les Adirondacks, dans l'État de New York, un jet privé – un Gulfstream G 650 –, un yacht baptisé *Zen*, trois vignobles dans le Bordelais, un club de football – le Guangzhou Evergrande FC – et quelques autres passe-temps, à commencer par le tai-chi – son professeur particulier l'accompagne partout. Mais il savoure plus encore, d'un continent à l'autre, de conférence en sommet, de Davos à l'Élysée ou la Silicon Valley, la fréquentation des puissants de ce monde, qu'il éblouit par sa vivacité et sa liberté de ton. On le dit aussi drôle en anglais qu'en chinois. Sa femme, Cathy, a participé à son ascension depuis ses débuts. Ils ont une fille – leur fils, qui avait fait ses études en Californie à l'université de Berkeley, est mort de leucémie, un drame familial connu des seuls intimes.

Comme Bill Gates – son modèle –, Jack Ma annonce en 2017 qu'il entend désormais se consacrer à la philanthropie. Personne ne le croit quand il dit confier à ses collaborateurs la direction exécutive du groupe – un groupe qui représente alors la première capitalisation boursière d'Asie, à hauteur de 520 milliards de dollars, et compte jusqu'à deux cent vingt mille employés. Un empire construit en moins de vingt ans depuis le petit appartement d'une ville de province grâce à un prêt de 30 000 dollars. « Puisque j'ai pu réussir, aime-t-il répéter, 80 % des jeunes en Chine doivent également y parvenir ! »

Il est né en 1964 à Hangzhou, la capitale de la province du Zhejiang, à 180 kilomètres de Shanghai, connue jusque-là pour ses peignes en bois peint. Sa mère travaille en usine, son père est photographe dans une agence locale. Les parents égaient leur vie monotone en pratiquant le *pingtan*, une sorte de danse folklorique accompagnée d'instruments à cordes et de castagnettes. Si leur fils se prénomme Yun, « Nuage », ce serait en l'honneur d'une relation du père, un haut personnage du Parti, Chen Yun, qui a participé aux côtés de Deng Xiaoping à la libéralisation économique du pays. Ce lien s'avérera précieux quand il s'agira d'assurer les premiers financements d'Alibaba – le *guanxi*, ledit réseau, fonctionnant à tous les niveaux de la société.

Le jeune Ma ne brille pas à l'école – il est si mauvais en maths qu'il doit s'y reprendre à trois fois pour passer l'équivalent du bac. Mais il s'est mis en tête d'apprendre l'anglais. Tous les jours, il fait le pied de grue devant l'hôtel principal de la ville qui, à partir de 1978, accueille les premiers étrangers partis à la découverte de la Chine communiste. Il leur sert de guide, leur montre le lac de l'Ouest et ses maisons de thé, ne demandant en échange qu'un peu de conversation ; il hérite ainsi d'un nouveau prénom, Jack, que lui attribue une touriste américaine de passage. Jack se lie à une famille australienne qui, quelques années plus tard, l'invite chez elle – les parents sont communistes, mais c'est bien la première découverte, en 1985, d'un autre monde avant de rentrer en Chine. Admis de justesse dans une université de troisième rang qui forme des enseignants, il y rencontre sa future épouse qui sera aussi sa première coéquipière. Élu président de la fédération des étudiants de la ville, sans doute adhère-t-il à ce moment-là au Parti communiste, condition indispensable pour accéder à cette fonction. Diplômé, il se fait professeur d'anglais – la paie est maigre, guère plus de 10 dollars par mois – et crée une petite agence de traduction, ce qui lui vaut d'accompagner une délégation chinoise en Californie en 1995 pour aider à résoudre un conflit commercial. L'époque est celle des débuts d'Internet. Ma achète un ordinateur pour 386 dollars, découvre les premiers e-mails et, sans maîtriser la moindre notion d'informatique, comprend l'usage qu'il peut en faire. Rentré au pays, il met en ligne un annuaire anglophone d'entreprises chinoises voulant commercer à l'international – c'est l'échec, mais en 1995 il enregistre aux États-Unis son premier nom de domaine : chinapages.com. Si l'intuition est bonne, elle est trop précoce. Ma rejoint alors le ministère du Commerce extérieur où il tente d'imposer la création de sites Internet publics. Grâce à sa maîtrise de l'anglais, il est désigné pour faire découvrir la Grande Muraille à un certain Jerry Yang, un Américain d'origine taiwanaise co-fondateur de Yahoo !, alors l'entreprise la plus innovante et la plus florissante du secteur. Celui-ci sera bientôt son premier investisseur, avec le Japonais Masayoshi Son, le président de SoftBank, qui deviendra son principal actionnaire et grâce à ce pari l'homme le plus riche du Japon. Quand on demandera à ce dernier pourquoi il avait immédiatement adhéré à la vision et aux ambitions dévorantes du Chinois, il répondra : « Il y avait quelque chose d'animal dans ses yeux[1]. »

En 1999, de retour dans sa ville natale, Ma réunit ses copains et les convainc de rassembler leurs économies pour créer une plateforme de commerce en ligne reliant des petites et moyennes entreprises à des acheteurs étrangers soucieux d'acquérir des produits chinois. Il a 34 ans et c'est là son coup de génie. Au moment où la Chine développe son immense marché intérieur et se transforme en un gigantesque atelier prêt à se vendre au monde entier à moindre prix, il met en place un moyen rapide et économe : pas de stocks, pas de commissions sur les échanges contrairement à Amazon, et des revenus publicitaires qui s'envolent rapidement. Le nom de la société : Alibaba. Pourquoi un tel patronyme, arabe de surcroît, pour une société chinoise ? À cause de la formule magique qu'on lui associe : « Sésame, ouvre-toi ! »

La Chine ne compte alors que deux millions d'utilisateurs d'Internet, les ordinateurs sont chers. Le régime hésite face à cette technologie venue des États-Unis et aux difficultés d'instaurer un système de contrôle efficace. Les ingénieurs qui à l'époque composent la majorité du Comité permanent du Bureau politique du Parti comprennent le risque pour le pays de rester à la traîne de l'innovation ; ils connaissent leur histoire impériale et la défaite de la dynastie Qing en 1911 face aux moyens modernes des puissances occidentales. Ils construisent « le Grand Pare-feu » qui, par analogie avec la Grande Muraille, va permettre au ministère de la Sécurité publique de surveiller les fournisseurs d'accès à Internet et de filtrer les données. Parallèlement, après des mois d'atermoiements, un nouveau statut est mis en place pour que les entreprises se lançant dans ce secteur comme dans d'autres puissent se développer et attirer les indispensables capitaux étrangers – sous le nom d'« entité à intérêt variable », le système est suffisamment ambigu pour permettre à la fois un certain contrôle et une large zone grise propice aux initiatives entrepreneuriales comme au trafic d'influence.

Épaulé par Joe Tsai, un résident de Hong Kong d'origine taiwanaise et diplômé de Yale, qui travaillera longtemps à ses côtés, Jack Ma attire l'attention de Goldman Sachs et obtient un premier investissement de 5 millions de dollars. Alibaba est lancé.

Le développement est fulgurant, la diversification suit. Ma a le goût du risque et parie au bon moment sur l'adaptation du pays à l'économie de marché, sur la mondialisation et l'entrée de la Chine dans l'Organisation mondiale du commerce. En 2003, pour évincer l'américain eBay, il crée Taobao, qui reproduit en ligne le commerce à la chinoise, marchandage inclus, puis Alipay, un système de paiement bientôt isolé dans une holding nommée Ant, enfin Tmall, un centre commercial virtuel ouvert aux marques de luxe. Chaque année, quelque 400 millions de consommateurs vont utiliser ses services.

> « Alibaba a-t-il copié, purement et simplement, les Gafam américains ? Non, explique Duncan Clark. Jack Ma était un vendeur de génie, pas un ingénieur. La capacité d'innovation dont son groupe a fait preuve tient à la fois à la qualité des collaborateurs – pour beaucoup formés aux États-Unis – et à l'énormité du marché intérieur chinois exigeant de mettre au point d'autres solutions. Alibaba n'a pas copié eBay. La tech chinoise a surtout bénéficié de l'exclusion des concurrents étrangers, qui ne pouvaient pas être soumis au contrôle et à la censure imposés par le régime. Donc très vite pas de PayPal, pas de Google, ce qui a permis l'envolée de Baidu, le moteur de recherche mis au point par un ingénieur chinois formé à Rochester, aux États-Unis, puis rentré au pays… En revanche, aux tout débuts, oui, il y a eu des emprunts : Sohu a copié Yahoo! Mais la tendance s'est aussi inversée : Elon Musk ou Mark

Zuckerberg ne détestent pas s'inspirer d'innovations chinoises[2]... »

Jack Ma fascine les investisseurs occidentaux qui lui offrent des capitaux en abondance. Le groupe va se diversifier dans d'autres secteurs, depuis la santé avec Alibaba Health jusqu'à la production cinématographique : une société de production basée à Hong Kong participe au financement du troisième volet de *Mission Impossible : Rogue Nation.*

En 2014, Alibaba entre en Bourse à Wall Street. C'est la gloire. Jack Ma sonne la fameuse cloche et réussit la plus grosse levée de fonds jamais enregistrée : 25 milliards de dollars – la valeur du groupe dépasse alors celles de Facebook et d'Amazon réunis. Il vient d'avoir 50 ans. Jon Stewart, l'humoriste américain qui officie sur la chaîne Comedy Central, résume parfaitement l'événement : « Alibaba se fait coter à New York parce qu'il ne peut pas le faire en Chine. Les communistes nous ont battus au jeu du capitalisme ! »

Jack Ma et ses compères sont tous devenus milliardaires, lui plus encore que les autres. Le petit appartement des débuts, à l'odeur incommodante tant ils y travaillaient jour et nuit d'arrache-pied, a disparu. Édifié sur 240 000 mètres carrés, le siège d'Alibaba, à Hangzhou, tient davantage du campus à l'américaine que d'une entreprise traditionnelle. Une bibliothèque abrite une collection impressionnante de romans d'arts martiaux, un lac artificiel illustre la préoccupation du groupe pour l'environnement. Jack

Magic est un patron exigeant mais généreux : les salariés, soumis au rythme 9-9-6 – ils travaillent de neuf heures du matin à neuf heures du soir six jours par semaine – reçoivent des pendentifs en jade quand ils tiennent la cadence.

Par coquetterie, lui joue volontiers au monsieur Jourdain du numérique : « Même aujourd'hui, je ne comprends toujours pas ce qu'est le codage ni la technologie qui est derrière Internet ! » affirme-t-il un jour aux étudiants de Stanford, aux États-Unis.

Son originalité, il l'affiche autrement, donnant libre cours à son sens du spectacle et du commerce conjugués. Surnommé « E.T. » tant sa petite taille et son visage biscornu font penser à l'extraterrestre imaginé par Spielberg, il adore les déguisements, qu'il varie selon l'inspiration. Chaque année, le 11 novembre, il anime en personne « la fête des célibataires » suivie sur Youkou Tudou, le YouTube chinois, qui lui appartient, par 100 millions d'internautes – autant de consommateurs qui vont se livrer pendant vingt-quatre heures à une frénésie d'achat sur ses deux portails Taobao et Tmall, dépassant de loin en chiffre d'affaires le Black Friday américain. Au programme du gala, des vedettes surprises venues des États-Unis ou de Grande-Bretagne, de Scarlett Johansson à Kobe Bryant, le basketteur star de la NBA, ou encore David Beckham et Daniel Craig – aux côtés de ce dernier, Crazy Jack n'avait pas hésité à se transformer en James Bond girl. Autre rituel annuel : dans le grand stade de Hangzhou, le 10 mai, la cérémonie des mariages que Ma préside lui-même pour célébrer collectivement les unions des employés d'Alibaba – des dizaines de couples en robe blanche et queue-de-pie, une mise en scène sans prétention religieuse qui rappelle néanmoins le rituel de la secte Moon. Il est devenu un personnage immensément populaire, s'adressant à ses admirateurs sur ses propres réseaux, célébrant en termes simples la confiance en soi, la sincérité, la persévérance, la justice... Il affirme volontiers que son personnage favori reste Forrest Gump, le héros du roman et du film du même nom interprété par Tom Hanks – « Peu importe le changement si on reste soi-même », aime-t-il répéter. Et il ajoute : « Les gens pensent qu'il est idiot alors qu'il sait parfaitement ce qu'il fait[3]... » Dès 2010, Jack Ma a fondé sa propre société d'investissement, Yungfeng, en compagnie d'autres entrepreneurs issus de sa région du Zhejiang et de Shanghai – un « club de milliardaires » où il prétend ne jouer qu'un rôle passif.

Alibaba crée des fondations pour encourager les jeunes – une façon de prôner l'unité de la nation conformément à la doctrine du Parti. Deux d'entre elles sont directement calquées sur le modèle américain : la Jack Ma Foundation et l'Alibaba Foundation, vouées à la défense de l'environnement et aux enjeux de santé publique liés à la pollution qui ravage les mégalopoles chinoises. En 2015, Ma ouvre une école de commerce, la Hupan University, pour former en trois ans une nouvelle élite d'entrepreneurs. « Elle durera trois siècles et rivalisera avec

Harvard ! » déclare-t-il à l'inauguration. La même année, il acquiert le *South China Morning Post*, le journal anglophone le plus important de Chine, publié à Hong Kong. Il dit alors vouloir fournir « une vision alternative de la Chine par rapport à celle, biaisée, que montrent les médias étrangers ». À Pékin, le régime laisse faire, sa mainmise sur l'ancienne colonie britannique n'est pas encore totale, la contestation gronde, et la démarche ne saurait déplaire.

Jack Ma n'a jamais affiché la moindre ambition politique, et ses propos publics ne se sont jamais écartés de la ligne idéologique du Parti. Il avait même poussé son admiration pour Deng Xiaoping jusqu'à qualifier la répression de la manifestation de Tiananmen en 1989 de « décision très correcte pour maintenir la stabilité du pays ». Lors des multiples affaires de censure opposant le régime à Yahoo! et à Google avant qu'ils ne sortent de Chine, Ma s'est toujours rangé du côté des autorités. En 2017, à l'issue du XIXe congrès du Parti reconduisant Xi Jinping pour un deuxième mandat, Ma affirmait lors d'une conférence organisée par le magazine américain *Fortune* que la stabilité politique est bien le meilleur atout de la Chine par rapport aux États-Unis et que la capacité du système à « s'améliorer et se réinventer est fascinante[4] ».

Dans le même esprit, le maître d'Alibaba affiche très tôt sa vision de l'entreprise, dont il compare volontiers la mission à celle de l'État : « L'entreprise doit veiller à apporter des bienfaits à la société, contribuer à l'équité sociale et rechercher l'efficacité sociale, déclare-t-il en 2009 aux salariés de son groupe. Les hommes d'affaires doivent assumer une responsabilité au même titre que les hommes politiques, les artistes et les architectes, en devenant le principal moteur du développement social. » Il a codifié les valeurs de sa propre entreprise en empruntant aux arts martiaux le concept d'« épée aux six veines », censé renforcer la force intérieure de chaque individu. Depuis l'époque des tout premiers fidèles agglutinés dans le petit appartement de Hangzou, l'attention portée par Ma lui-même au recrutement et à la fidélisation des employés du groupe explique en partie ses extraordinaires succès. La fierté nationale, l'appartenance à une culture millénaire ne sont jamais loin, l'importance des réseaux, du *guanxi* non plus. Bien que leurs identités réelles soient soigneusement camouflées, on peut penser que les différents clans au sein des élites politiques en place, les « princes rouges » et leurs descendants, figurent en bonne place parmi les principaux actionnaires du groupe et de ses multiples tentacules.

En 2014, lors de son introduction en Bourse à Wall Street, le discours de Jack Ma traduit sa fierté de l'ancrer au cœur de la grande histoire chinoise autant que sa prudence : « Alibaba est une entreprise d'État dans le sens où il s'agit de l'affirmation de l'innovation technologique, de l'innovation et de la capacité de création de la Chine. Elle représente la contribution de la nation au reste du monde. »

En 2015, l'administration d'État pour l'industrie et le commerce, l'organisme de surveillance des entreprises, accuse Alibaba de vendre des produits de contrefaçon et de se faire rétribuer pour favoriser la visibilité des vendeurs sur ses plateformes. L'attaque est frontale et devient publique. La méfiance du régime à l'égard d'un groupe devenu aussi puissant est manifeste – les dirigeants, à commencer par le premier d'entre eux, ne comptent pas le temps passé à répondre à des kyrielles de fonctionnaires au niveau local ou national. Le malaise n'a d'égal que le sentiment d'impunité qui gagne son fondateur. Au lieu de résoudre l'affaire dans la discrétion qui convient, Ma choisit de porter plainte contre le haut fonctionnaire en charge du dossier. Une rencontre et des excuses réciproques mettront un terme au conflit, ce qui alimentera les griefs des grandes marques internationales exposées au mépris chinois pour les règles de propriété intellectuelle. Ainsi le groupe Kering poursuivra-t-il en justice Alibaba, soupçonné d'orienter les clients désireux d'acheter Gucci vers des produits « Guchi » ou « Cucchi »[5]...

Ma n'a jamais hésité à critiquer la politique du gouvernement quand elle touche à ses affaires. « Il faut être amoureux du gouvernement, confiait-il à Davos en 2007, mais il ne faut pas l'épouser. » Il dénonce à loisir l'inefficacité des banques publiques et s'emploie à développer des outils de « fintech » pour mieux les contourner et fidéliser les entreprises. Les « data », les mégadonnées collectées en masse, à la hauteur des millions d'utilisateurs des technologies développées par ses sociétés, représentent un pouvoir considérable. Alipay collecte plus de 15 milliards de paiements en ligne par an ; Yu'e Bao permet aux petits investisseurs de jouer en Bourse ; Sesame Credit permet à des banques partenaires, sous couvert de « crédit social », d'accorder des prêts en évitant les exigences des banques traditionnelles. La fusion de la technologie et de la finance entrave et menace le contrôle du Parti. Désinvolte, Jack Ma frise la provocation : « Si un jour l'État a besoin d'Alipay, on lui donnera tout ! »

Au printemps 2020, en pleine pandémie du Covid-19, Ma comprend l'importance du récit que Xi Jinping veut imposer au monde. Il s'agit de faire de la méthode chinoise la démonstration de la supériorité absolue de la Chine sur l'Occident décadent. Ce sont des avions-cargos au sigle d'Alibaba qui déversent à Addis Abeba, en Éthiopie, sa plateforme africaine, masques, tests et appareils respiratoires destinés aux pays amis. Ma lui-même se dépense sans compter, les ambassades organisent les cérémonies d'accueil, Xinhua, l'agence de presse officielle, donne chaque fois à l'événement le retentissement nécessaire[6].

En octobre 2020, le voilà qui participe à Shanghai au deuxième sommet du Bund, du nom du quartier d'affaires historique de la capitale financière du pays. En présence du vice-président, Wang Qishan, des autorités de régulation et de l'élite des affaires, il s'en prend avec virulence au milieu bancaire : « On ne devrait pas gérer un aéroport comme on gère une gare ferroviaire. On ne peut pas réglementer le futur avec les méthodes du passé. Le système financier d'aujourd'hui est un héritage de l'âge industriel. Nous devons mettre en place un nouveau système pour la prochaine génération et pour les jeunes. Nous devons réformer le système actuel. »

Quelques jours plus tard, Ant, la holding financière du groupe, doit entrer simultanément à la Bourse de Hong Kong et à celle de Shanghai. Les observateurs s'attendent à ce que tous les records soient battus avec une levée de fonds de 35 milliards de dollars, plus élevée que les 29,5 milliards de dollars obtenus par le saoudien Aramco l'année précédente. Jack Ma, qui possède en propre 8,8 % d'Ant et 4,3 % d'Alibaba, soit près de 40 milliards de dollars, deviendrait plus riche encore que son rival de toujours, l'autre Ma, Pony, le patron de Tencent.

La veille de l'opération, l'ordre tombe, venu de Xi Jinping lui-même, à en croire le *Wall Street Journal* : la double entrée en Bourse n'aura pas lieu.

Jack Ma disparaît, évanoui dans la nature. Aucune trace du flamboyant entrepreneur qui a osé défier la politique officielle. Aurait-il été enlevé par les services de sécurité, emprisonné, exécuté, « suicidé » ? Trois mois plus tard, en janvier 2021, le voilà qui ressurgit, méconnaissable, dans une vidéo mise en ligne sur un site affilié au Parti. En pull noir, assis devant un mur orné d'une fresque villageoise, le regard fixe, il débite d'un ton mécanique ses encouragements aux enseignants des campagnes :

« Travailler dur à la revitalisation des campagnes et à la prospérité commune, je pense que c'est la responsabilité de notre génération d'entrepreneurs. » Un retour aux racines, et comme un fumet de Révolution culturelle... Le ton a changé, ce n'est plus le même homme, mais les investisseurs respirent : Alibaba regagne en une journée 58 milliards de dollars à la Bourse de Hong Kong.

Le pouvoir central ne s'en tient pas là. L'école de commerce de Ma est débaptisée et accusée d'élitisme par les médias officiels. Les assauts contre le groupe se poursuivent : plusieurs de ses activités font l'objet d'enquêtes pour pratiques monopolistiques, un vaste plan de restructuration lui est imposé qui affaiblit considérablement son champ d'action. La Banque centrale exige qu'Ant Financial, la branche financière d'Alibaba, lui communique les données de ses sept cents millions de clients bénéficiant de prêts de façon à en transférer la gestion à un organisme public[7]. Le groupe tente de résister pied à pied au nom de la protection des données individuelles – la Banque centrale est loin d'avoir le même niveau d'expertise, et les connaisseurs soulignent le risque ainsi porté à l'innovation financière. Pendant plus d'un an, les négociations se poursuivent dans la plus grande opacité.

L'Empereur n'aime pas qu'on lui fasse de l'ombre.

« Xi Jinping lui-même s'est toujours méfié de Jack, raconte Duncan Clark. Lorsqu'il était en poste à Hangzhou en tant que secrétaire du Parti, il ne s'est jamais rendu au siège d'Alibaba et n'a même pas cherché à créer le moindre contact. Sans doute Jack ne le considérait-il pas encore comme digne d'intérêt... Quand les ministres chinois et Xi lui-même se rendaient au forum de Davos, Jack attirait toujours beaucoup plus de monde qu'eux. En guise de rétorsion, il n'était pas convié aux dîners officiels[8] ! »

Dès 2019, un éditorial du *Quotidien du peuple* exprimait avec aigreur le changement de ton du régime vis-à-vis du fils prodigue : « Il n'y a pas de prétendue ère Jack Ma, mais seulement Jack Ma dans l'ère actuelle. » Des scandales sexuels sont dénoncés au sein de l'entreprise, les horaires et les méthodes de travail sont vilipendés. « Les vampires capitalistes courent après le profit et les plus-values ! » commentent les internautes à propos des innombrables vidéos de Ma postées sur Bilibili, un site de partage. En janvier 2022, un documentaire, produit par la Commission disciplinaire centrale et diffusé sur la principale chaîne de télévision, accuse l'Ant Group d'être mêlé à une importante affaire de corruption impliquant le responsable du Parti à Hangzhou, la ville où se situe le siège du groupe – ce dernier sera arrêté en août. La Commission s'est engagée à contrôler de plus près les géants du numérique « pour couper tout lien entre le capital et le pouvoir[9] ». Commentaire d'un professeur en vue de l'université Renmin de Pékin en guise d'épitaphe : « L'ascension et la chute d'Ant résument la relation inégale entre business et politique en Chine. »

Jack Ma reste libre de ses mouvements, mais on ne l'entend plus. On l'a vu en Espagne et aux Pays-Bas s'intéresser à la technologie agraire, il a joué au golf à Prague, il s'est rendu souvent aux États-Unis et en Israël, mais c'est à Tokyo qu'il passe désormais le plus clair de son temps. Il s'y est installé avec sa famille, son cuisinier et ses gardes du corps. Faisant profil bas, il se consacrerait désormais à la peinture à l'eau, au tai-chi et à ses collections d'art, fréquentant les quelques clubs privés de la capitale japonaise prisés des riches Chinois qui ont fui les rigueurs du régime[10]. Il n'aurait pas perdu son appétit pour les affaires, et s'intéresserait désormais aux enjeux du développement durable.

Début janvier 2023, l'information est officielle : Jack Ma renonce au contrôle d'Ant Group. Dans le cadre d'un « plan d'optimisation de la gouvernance d'entreprise », il ne détiendra plus que 6,2 % des droits de vote et siégera avec huit autres personnes au conseil d'administration de la « fintech », dont la puissance et l'indépendance avaient tant inquiété le régime. Ant Group a le feu vert pour lever à nouveau des fonds. L'action d'Alibaba regagne aussitôt près de 8 % à la Bourse de Hong Kong.

Officiellement résident de l'île, Jack Ma demeure actionnaire de son groupe à hauteur de 5 ou 6 %.

Il a perdu la partie, victime de son hubris dans un système qui ne tolère que celle de l'Empereur. Pourtant, il ne s'était jamais bercé d'illusions. Dès 2013, Xi Jinping à peine parvenu au sommet du pouvoir, le magicien d'Alibaba affirmait en guise de boutade : « Aucun chef d'entreprise chinois n'a jamais connu une belle fin. »

4

Les mouches, les tigres et les renards

Quand Xi Jinping succède à Hu Jintao à la tête du Parti, en septembre 2012, les paris sont ouverts : ce fils d'« Immortel », l'un des huit révolutionnaires les plus proches de Mao, ce « prince rouge » issu d'une étroite aristocratie continuera-t-il ou non à gérer le système pour le plus grand profit de ceux qui, au sommet, se partagent les retombées de l'extraordinaire essor économique du pays ? Une croissance à deux chiffres jusqu'à la crise mondiale de 2008, maintenue ensuite autour de 7 %, des gens arrachés à la pauvreté par centaines de millions, une classe moyenne grandissante enfiévrée de réussite matérielle, une jeunesse portée par la révolution numérique, et un Parti qui se contente en toute opacité de vérifier que la cohorte reste dans les clous, au prix de quelques coups de latte et de règlements de comptes entre factions rivales – pourquoi vouloir changer le cours des choses et mettre un terme à cet « âge d'or » applaudi par ses bénéficiaires ? Selon le magazine *Hurun*, le pays compte alors trois cent quinze milliardaires, dont cent quarante sont des membres en vue du Parti communiste[1].

Dans les milieux d'affaires, l'optimisme prévaut, même si les grandes fortunes ont depuis longtemps pris leurs précautions. Elles ont sorti des capitaux par milliards pour les placer dans les paradis fiscaux, mais aussi, par ce détour, pour investir ailleurs – aux États-Unis, en particulier dans le cinéma, la high-tech ou l'immobilier, en Europe et dans toute l'Asie du Sud-Est. La crise financière de 2007-2008 a atteint la Chine avec un temps de retard, et le régime a repris la main pour amortir le choc, lançant d'énormes projets d'infrastructures, encourageant les autorités locales à se financer à coups de développement immobilier. Le capitalisme d'État prend le dessus. Les investisseurs occidentaux se font plus rares. Le système demeure hybride – les frontières restent toujours floues en Chine entre secteur privé et semi-public en l'absence de règles de droit stabilisées et respectées. L'économie repose néanmoins sur le dynamisme des entreprises dans le marché intérieur, et les grands groupes doivent poursuivre leur expansion internationale.

Jusqu'en 2002 et son entrée au Comité central du Parti, Xi Jinping n'a guère attiré l'attention. Né dans une famille privilégiée – son père a le rang de vice-Premier ministre –, il subit avec celui-ci la disgrâce et les traumatismes de la Révolution culturelle. L'une de ses sœurs se suicide, sa propre mère le dénonce quand il fuit, mort de faim, un centre de regroupement de ces « jeunes instruits » appelés aux travaux des champs afin d'être rééduqués par les paysans pauvres. Xi Zhongxun sera réhabilité et jouera un rôle important dans l'ouverture économique voulue par Deng Xiaoping, mais son fils aîné restera profondément marqué par les sept années passées dans « la terre jaune » du Shaanxi, à 1 000 kilomètres au sud-ouest de Pékin. C'est là, affirmera-t-il au moment de construire sa légende, qu'il s'est senti pour toujours « fils du peuple » – un village où sont rassemblés quelques vestiges de son séjour deviendra un lieu de pèlerinage obligé. C'est là qu'il comprend le rôle essentiel du Parti pour cimenter, à l'échelle de cet immense pays, une société chinoise en plein bouleversement. Il tente dix fois d'en devenir membre avant d'être accepté, et de rejoindre à Pékin la prestigieuse université Tsinghua, où il décroche un diplôme d'ingénieur chimiste. Comme il sied à un fils d'« Immortel », Jinping, poussé par son père, entre dans les filières d'excellence du PCC, passant d'un poste et d'une province à l'autre pour acquérir ses galons – vingt-sept postes en dix-sept ans, civils et militaires. Pas de coup d'éclat, à l'exception de son mariage avec une star du chant patriotique, bientôt colonel de l'Armée de libération nationale, la belle et populaire Peng Liyuan – on lui demandera à l'époque s'il n'est pas embarrassant pour une épouse d'être tellement célèbre alors que son mari ne l'est pas du tout… Xi démontre une habileté certaine à naviguer dans les remous des guerres de clans opposant « libéraux » et conservateurs, et mieux encore à éviter les scandales et les éclaboussures de la corruption à haut niveau. En poste dans des provinces côtières à fort potentiel économique, le fonctionnaire du Parti applique à la lettre les injonctions du pouvoir central. Dans le Fujiang, le sud du pays, face à Taïwan et à ses entrepreneurs soucieux de participer au boom économique du continent, puis dans le Zhejiang, au sud de Shanghai, le jeune dirigeant se montre favorable à l'innovation et aux intérêts des industries locales, en particulier ceux de Geely, un constructeur automobile privé qui prendra le contrôle de Volvo et dominera le nouveau marché des voitures électriques. Remplaçant le responsable tombé pour avoir détourné des centaines de millions de dollars de la caisse de retraite locale, Xi devient ensuite chef du parti à Shanghai, véritable tremplin d'un destin national – c'est le fief de Jiang Zemin, président jusqu'en 2003. Au fil de ses différentes fonctions, il recrute et fidélise tous ceux qui l'accompagneront jusqu'au sommet du pouvoir – « le gang du Shaanxi », hérité de son père ; le gang du Fujian, celui du Zhejiang, le plus nombreux ; et celui de Shanghai. En 2007, admis au Comité permanent du Bureau politique avec la bénédiction du président Hu Jintao, Xi Jinping rejoint Pékin, en piste pour les plus hautes fonctions. En 2008, il devient vice-président.

Un autre « prince rouge », beaucoup moins discret, habitué des médias, le séduisant Bo Xilai, lui barre la route. Fils d'« Immortel » lui aussi, Bo Yibo, il a transformé la ville balnéaire de Dalian en vitrine de la Chine nouvelle, hôte du forum de Davos où se réunissent l'été sommités politiques et économiques venues du monde entier. Il est ensuite nommé à la tête du Parti de Chongqing, une mégalopole dans le sud-ouest du pays, dont il entend faire la vitrine des valeurs communistes traditionnelles, exaltant la nostalgie maoïste et prônant la lutte contre la corruption. Pour combattre le crime organisé, il s'est adjoint les services d'un policier renommé, Wang Lijun. Fin 2011, ce dernier est amené à enquêter sur l'assassinat d'un homme d'affaires britannique, dont l'associée de longue date n'est autre que l'épouse de son patron, laquelle a de fait empoisonné son partenaire pour cause de différend « commercial » portant en particulier sur une propriété à Cannes. Le policier en informe Bo Xilai, qui lui reproche avec violence de ne pas avoir tout simplement classé l'affaire. Pris de peur, le représentant de l'ordre s'enfuit dans la ville voisine de Chengdu et demande asile au consulat américain. Les diplomates jugent préférable de le remettre aux autorités. Saisi du scandale, le Comité permanent du Bureau politique du Parti est divisé. Le chef des services de sécurité intérieure plaide pour incriminer le policier et absoudre Bo, dont il est l'allié. Enfreignant l'ordre protocolaire, Xi Jinping exige que toute la lumière soit faite et signe ainsi l'arrêt de mort politique de son rival. Au printemps 2012, Bo est démis de ses fonctions et exclu du Comité central ; son épouse est condamnée à la peine de mort avec sursis et le policier à quinze ans de détention. Jugé en août 2013 pour « corruption, détournement de fonds et abus de pouvoir », Bo

Xilai va passer le reste de sa vie en prison – c'est la plus haute personnalité du Parti à être publiquement châtiée ainsi depuis le procès de la bande des Quatre et de la veuve de Mao, en 1980.

Plusieurs affaires retentissantes se sont greffées au scandale Bo Xilai, alimentées par les factions en concurrence pour le poste suprême : les révélations du *New York Times* sur la fortune du Premier ministre, Wen Jiabao, et celles de l'agence Bloomberg sur la richesse accumulée par la propre sœur de Xi Jinping et son mari ; l'accident mortel à Pékin de la Ferrari noire du fils du principal collaborateur du président, qui a tenté de le dissimuler ; l'évasion de sa prison de l'avocat aveugle Chen Guangcheng, dont Hillary Clinton, alors secrétaire d'État, obtient le transfert aux États-Unis.

> À l'évidence, l'affaire Bo Xilai a ouvert une profonde crise de légitimité, résume Brice Pedrolotti dans le journal *Le Monde*. Avec trois cents millions d'usagers de Weibo [l'équivalent chinois de Twitter], la blogosphère chinoise est à l'époque une gigantesque caisse de résonance des problèmes du pays : corruption, injustice, pollution, censure, plusieurs dizaines d'intellectuels, de blogueurs, d'avocats, dont les lecteurs se comptent par millions, mènent la danse dans l'opinion publique, critiquant ouvertement le régime. Des médias officiels glosent sur « la crise de gouvernance » que traverse la Chine. De tous les côtés du spectre politique, on tire à boulets rouges sur l'administration sortante : les conservateurs s'indignent que tout parte à vau-l'eau. Les libéraux, eux,

ne croient qu'en une démocratisation du pays pour le moderniser[2].

En novembre 2012, le XVIIIe congrès du PCC entérine l'accession de Xi Jinping au poste de secrétaire général du Parti et de président de la commission militaire centrale. Suivant le calendrier constitutionnel, il deviendra chef de l'État en mars 2013, lors du rendez-vous annuel de l'Assemblée nationale populaire.

En hommage à son père, mort dix ans plus tôt, qui en avait été l'un des artisans, le nouvel homme fort de la Chine choisit de prononcer son premier grand discours à Shenzhen, la métropole du Sud, épicentre de l'ouverture économique du pays. Il insiste sur « la profonde leçon » illustrée par la désintégration de l'URSS : « Gorbatchev a fini par annoncer la dissolution du Parti communiste soviétique dans une déclaration éclair. Voilà, un grand parti était mort. Le Parti communiste d'Union soviétique comptait proportionnellement plus de membres que le nôtre. Mais pas un seul homme n'a eu le courage de se lever pour résister[3] ! » Revenant plusieurs fois sur le sujet, il ajoutera plus tard : « La majorité des membres du Parti étaient des faux communistes [...] et notre Parti serait en phase terminale si nous ne les purgions pas[4]. » À la mort de Gorbatchev, fin août 2022, Xi ne signera aucun communiqué de circonstances et la presse officielle s'échinera à vilipender ce « loser »[5].

À partir de novembre 2012, le nouveau maître du pays va se consacrer à un même objectif : consolider le parti marxiste-léniniste, renforcer son hégémonie absolue sur tous les pans de la société et se maintenir au sommet du pouvoir sans souffrir l'ombre d'une contestation.

La série s'intitule *Tolérance zéro*. C'est la huitième du genre – une coproduction entre la première chaîne de la télévision d'État (il n'existe pas de chaîne privée) et la Commission centrale de contrôle de la discipline du Parti. On y voit, face à la caméra, d'anciens officiels qui racontent avec candeur, et même quelque fierté, les multiples manières employées du temps de leur splendeur pour les récompenser de leurs faveurs : des colis libellés « fruits de mer », bourrés de billets verts pour l'équivalent de 300 000 dollars américains, envoyés plusieurs fois par an à un ancien vice-ministre de la Sécurité publique ; des propriétés offertes à un ex-dignitaire du Parti de Guizhou, fou de golf, dans différents lieux de villégiature en fonction des saisons ; 7 hectares de terrain acquis illégalement par le maire adjoint de Pékin dans un faubourg de la capitale où ce diplômé d'architecture s'est fait plaisir en construisant une maison chinoise à l'ancienne, une demeure style américain tout en verre, un jardin japonais, une plage artificielle de sable blanc, un théâtre et un spa. On apprend le rôle joué par les épouses et les enfants – les fils d'un responsable du Parti en Mongolie-Intérieure avaient monté une société d'exploitation de charbon sans salariés et sans mines, leur seule activité consistant à utiliser leur patronyme pour acheter du combustible à bas prix et le revendre plus cher. Le fils du patron du Parti à Hainan avait fui au Canada ; son père l'adjure de rentrer pour l'aider à justifier les 17 millions de dollars de pots-de-vin que lui reprochent les autorités… Certains affichent même leur bonne conscience : n'ont-ils pas aidé leurs différents donateurs à faire de meilleures affaires, pourquoi ne pas accepter de tels gestes de vraie gratitude ? Quand cet épisode a été diffusé, en janvier 2022, la Commission s'est félicitée du succès d'audience et des cent quatre-vingts millions de relais sur les réseaux sociaux, sans prendre en compte l'effet boomerang exprimé par les internautes. Certains y ont vu en plaisantant une campagne de recrutement pour la fonction publique, d'autres se sont lamentés sur leur propre sort : « Pourquoi des moins que rien comme nous devrions regarder ça ? Pour nous rappeler à quel point nos vies sont misérables et pathétiques[6] ? »

Les héros du feuilleton sont tous en prison, certains condamnés à vie.

Plus question de petits arrangements entre amis. C'est bien la fin de « l'âge d'or. »

Depuis son accession au pouvoir suprême, Xi Jinping n'a eu de cesse de contrôler le Parti par vagues d'épuration successives. La lutte contre la corruption est d'entrée présentée comme une croisade nécessaire, menée dans l'intérêt du peuple tout entier tant il est urgent de débarrasser l'élite communiste « des mouches, des tigres et des renards », des simples exécutants comme des cadres dirigeants, qui minent la légitimité du Parti et volent la collectivité de ce qui lui est dû.

Dans un texte célèbre exhumé des réseaux sociaux, l'un des prédécesseurs de Xi, Zhao Ziyang, limogé en 1989, après les événements de Tiananmen, avait livré son explication de ce problème endémique :

> La corruption est l'œuvre du système. En raison de la propriété collective, le droit de propriété ne connaît aucune restriction. En raison du totalitarisme, le pouvoir ne connaît pas de limites. Et en l'absence de supervision publique, la corruption est devenue inhérente au système. Les dirigeants montrent l'exemple, chaque échelon reproduit le modèle, tout le monde participe et chacun en tire profit, c'est un vrai désastre[7].

Xi, lui, ne verse pas dans la théorie – d'entrée il frappe large, haut et fort, récoltant aussitôt une popularité considérable auprès d'une population harcelée et ponctionnée par la corruption ordinaire[8]. Les chiffres sont impossibles à vérifier, mais en dix ans entre six et onze millions d'officiels du Parti auraient été « purgés », dont plus d'un million et demi de cadres désormais surveillés en dehors du lieu de travail, puisqu'il s'agit aussi d'« enquêter sur leur moralité, leur éthique professionnelle, leur éthique familiale, leur intégrité personnelle ». Certains cas font l'objet d'une publicité bien orchestrée selon l'importance des montants détournés et l'itinéraire suivi au sein du Parti[9]. Le PCC appelle désormais à « renforcer la surveillance [du comportement des cadres] en dehors du lieu de travail, enquêtant sur leur moralité, leur éthique professionnelle, leur éthique familiale, leur intégrité personnelle, etc. ». D'année en année, on ne compte plus les hauts responsables qui « tombent de cheval », selon l'expression préférée des médias officiels, jamais avares de détails quand la propagande s'y prête.

La lutte contre la corruption est aussi la meilleure méthode pour éliminer les rivaux politiques, avérés ou potentiels. Au cœur du pouvoir puisqu'il est membre du Comité permanent du Bureau politique du Parti, un ancien ministre de la Sécurité publique est arrêté pour corruption en 2014 – il avait été l'allié de Bo Xilai. Accusé d'avoir détourné plus de 10 milliards d'euros, il est condamné à la prison à vie. L'homme qui le fait tomber, ministre de la Justice, responsable de la mise en détention de centaines d'avocats défendant les droits de l'homme, chutera à son tour en 2020 pour « violation sérieuse de la discipline et des lois nationales ». Au même moment, un autre responsable de la sécurité publique est accusé à la fois de « vie décadente, corruption, ambitions politiques démesurées, formation de gangs et de factions [...] causant un danger extrême à la sécurité politique ». Il aurait touché 93 millions d'euros en vingt ans. Les « pékinologues » remarquent aussitôt qu'il s'agit de proches de l'ancien président Jiang Zhemin, appartenant à « la clique de Shanghai », dont se méfie l'actuel chef suprême.

Le rythme des vagues successives correspond de près au calendrier politique. Moins d'un mois avant le XXᵉ Congrès d'octobre 2022, ces deux dirigeants de haut vol sont condamnés à mort, avec deux ans de sursis – leur peine sera commuée en prison à vie. Trois hauts responsables de la police, leurs adjoints, sont jugés à leur tour pour corruption et appartenance à la même « clique ». La Commission centrale de contrôle de la discipline du Parti elle-même n'échappe pas à la vigilance de l'Empereur : trois de ses membres ont été exclus, une enquête pour corruption est ouverte. Plus on descend dans la hiérarchie du Parti et élargit le champ à l'échelle des trente-et-une provinces et des cinq régions autonomes, mieux on comprend la frayeur qui paralyse l'appareil et l'inertie qui frappe nombre d'officiels, affolés à l'idée dc prendre des décisions qui pourraient déplaire au sommet. C'est ainsi que s'explique, à Wuhan à la fin de l'année 2019 et au début de 2020, la passivité des autorités municipales face à l'irruption du Covid-19.

Avec le Parti, l'Armée populaire de libération est l'autre pilier du pouvoir de Xi, puisqu'il préside la commission militaire centrale. Dès son premier mandat, la reprise en main est immédiate et brutale. En 2014, on apprend la mort du général Xu Caihou à la veille de sa comparution en cour martiale. Ancien vice-président de cette même commission, il venait d'être mis en examen pour avoir monnayé des promotions au sein de la hiérarchie. Il faudra plusieurs camions militaires pour vider sa cave et récupérer plus d'une tonne de billets de banque en dollars, en euros et en yuans, sans compter les pierres précieuses et les antiquités. La même année un autre général, lui aussi vice-président, est arrêté ainsi que son fils, major général, et treize autres officiers supérieurs de l'Armée populaire de libération. Les limogeages interviennent par dizaines, une réforme en profondeur est engagée tandis qu'un texte présidentiel réaffirme solennellement la primauté absolue du Parti. Le PCC est maître chez lui, c'est en son sein que la régénération doit s'effectuer, en dehors des lois ordinaires. Justice, police, administration… L'opacité est de mise, personne n'est à l'abri des foudres de l'Empereur.

Nom de code des opérations : « Chasse au renard », lancée en 2014 ; l'année suivante : « Sky Net ». L'objectif : ramener au pays, fût-ce de force, des Chinois résidant à l'étranger, soupçonnés de crimes économiques ou d'hostilité au régime. Sous couvert de lutte contre la corruption, quelque dix mille personnes auraient ainsi été victimes de retours contraints. Et les opérations se poursuivent. En janvier 2022, Christopher Wray, le directeur du FBI, a publiquement alerté les gouvernements occidentaux au sujet des méthodes utilisées par les autorités chinoises, précisant que des centaines d'individus vivant aux États-Unis seraient sur les listes du régime[10].

Des postes de police chinois ont été découverts dans une quinzaine de métropoles européennes : sous prétexte d'aider leurs compatriotes à démêler des difficultés administratives, leur rôle consiste davantage à espionner et « convaincre » les individus suspects de rentrer au pays. Le vice-ministre de la Sécurité s'est ainsi flatté publiquement, en avril 2022, d'avoir « persuadé deux cent dix mille fraudeurs » l'année précédente[11]. L'un des cas les plus révélateurs concerne la France, qui refuse malgré les demandes répétées de Pékin d'extrader Grace Meng, femme d'affaires et épouse de Meng Hongwei. L'ex-président d'Interpol, basé à Lyon avec sa famille, a été enlevé et reste emprisonné à Pékin depuis 2018 : cet ancien vice-ministre de la Sécurité s'est accusé lui-même de corruption dans une lettre de démission laissée au siège de l'organisation. Il a été condamné en 2020 à treize ans et demi d'incarcération pour avoir détourné 2 millions de dollars. Sa femme et ses enfants ont obtenu l'asile politique en France et restent sous protection policière.

Certains cadres parviennent à s'échapper à temps, tel ce secrétaire du Parti de Fencheng enfui avec une cagnotte de 25 millions de dollars aux États-Unis, où était déjà installée sa famille. On parlait alors d'« officiels nus » – ces cadres du Parti restés au pays quand leurs proches étaient déjà réfugiés à l'étranger. En 2014, on apprenait que deux mille cent quatre-vingt-dix fonctionnaires « nus » avaient ainsi été répertoriés dans une province du Sud-Est, et qu'un tiers d'entre eux avaient été licenciés. À l'époque, les internautes faisaient volontiers état d'avions effectuant bizarrement des demi-tours pour « raisons techniques » quand il s'agissait en fait d'empêcher des dignitaires de fuir le pays[12].

La justification du système répressif mis en place par Xi au fil de ses mandats, on peut la lire noir sur blanc dans la « résolution du plénum du Comité central » publiée en novembre 2021 à l'occasion du centenaire du PCC. Il s'agit du bilan volontairement accablant de cet « âge d'or », de ces trente années de métamorphose économique et sociale du pays :

> Une sérieuse « crise de foi politique » a balayé pendant un certain temps une partie des cadres et des membres ordinaires du parti. Certains ministères et administrations provinciales commettaient des abus criants dans la sélection et la nomination de leurs cadres et laissaient se développer en leur sein la culture de l'apparence, la bureaucratie, la recherche du plaisir et le goût du luxe, ainsi que la mentalité de privilège et ses manifestations. Le népotisme et la mise à l'écart des candidats gênants ; la multiplication des coteries ; les dénonciations anonymes et les calomnies ; le clientélisme, l'achat de votes et le maquignonnage électoral ; les marchés où une promotion s'échange contre un soutien, le tout couronné d'un banquet ; l'indiscipline et l'hypocrisie ; le non-respect des directives de l'échelon supérieur, la critique à tort et à travers du Comité central ; l'imbrication du politique et de l'économique, les affaires de corruption. [...] [Face à un tel délabrement] il est impératif de commencer par diriger le parti d'une main de fer [...] La lutte contre la corruption est une lutte politique d'importance vitale que nous ne pouvons pas nous permettre de perdre. Si l'on ne veut pas toucher à des centaines, voire à des

> milliers d'éléments corrompus, ce sont 1,4 milliard de Chinois qui seront affectés. [...] Nous sommes résolus à réprimer aussi bien les « tigres » que les « mouches » et les « renards »[13].

Non content de purger le Parti et l'armée, le pouvoir tel que le conçoit Xi Jinping, dans la droite ligne de la doxa marxiste-léniniste, doit étendre ses filets à la société tout entière – dans les villages, des « conseils de moralité » aux mains du Parti et des notables locaux contribuent à resserrer le contrôle de la population et à faire remonter tout comportement répréhensible[14]. Si la Chine s'est fortement urbanisée, environ 50 % de la population reste rurale, avec un niveau de vie très inférieur dans certaines régions du pays. La stricte application de la politique zéro Covid a restreint brutalement les mouvements de population. Les travailleurs migrants à la recherche d'emploi peuvent changer de province mais peinent à faire valoir leurs droits les plus élémentaires. Plus de cinq millions de cellules du Parti sont à l'œuvre dans tous les recoins de la société – une sorte de technostructure à grande échelle rassemblant les individus les plus éduqués pour organiser et surveiller les autres. Des internautes zélés sont allés jusqu'à suggérer que les trois astronautes de la station spatiale chinoise, tous trois membres du PCC, créent la première cellule du Parti dans l'espace, puisqu'ils sont en nombre suffisant...

L'organisation du pouvoir au sommet traduit la même hantise.

> Onze commissions centrales ont été créées, écrit la sociologue Chloé Froissart. Elles sont toutes présidées par Xi, pour contrôler directement des domaines jugés stratégiques pour la sécurité de l'État, enlevant de ce fait la gestion des affaires étrangères, d'Internet, des affaires religieuses, de la sécurité nationale, de l'économie et des finances, etc. aux administrations et aux ministères. Tous les échelons administratifs, du ministère au comité villageois, ont été méthodiquement unifiés avec les comités du Parti à l'échelon correspondant, au point que le dirigeant du Parti est aussi le dirigeant de l'administration. L'idéologie du Parti pour la nouvelle ère renforce encore le rôle de Xi et l'autorité indiscutable de la direction centrale du PCC : le Parti dirige tout, et Xi dirige le Parti[15].

Il s'agit bien d'un « système totalitaire gouvernant par la terreur et l'idéologie », conclut Cai Xia au *New York Times* en octobre 2022 – elle en a une connaissance intime puisqu'elle dirigeait l'École centrale du Parti avant d'être expulsée pour mauvais esprit et de se réfugier aux États-Unis.

Le renforcement du Parti au nom de « la renaissance de la grande nation chinoise » vise aussi à imposer la domination sans partage des Han sur les autres ethnies et à assurer l'intégrité territoriale – obsession séculaire du pouvoir central. La répression féroce de plus d'un million de musulmans ouïghours au Xinjiang utilise toute la panoplie des moyens à la disposition des autorités locales et nationales, de la « rééducation par le travail » aux camps d'internement, en passant par le viol et le contrôle étroit des individus grâce aux outils numériques. Selon Human Rights Watch et différents centres de recherche, des centaines de milliers de personnes ont été condamnées et emprisonnées tandis qu'à la moindre infraction, des agents armés ont consigne de « tirer pour tuer »[16]. Aucune contestation n'est autorisée. Un général de l'Armée populaire de libération, gendre d'un ancien président, qui recommandait un changement de politique au Xinjiang, a été aussitôt limogé[17]. Comme au Tibet, la répression féroce des populations autochtones participe d'une politique ethnique imposant la domination des Han au nom de la « fusion » de la nation chinoise[18].

Tout aussi stratégique, la lutte contre la corruption doit servir à dompter le secteur privé et d'abord ces « tycoons », qui ont une fâcheuse tendance à imiter les pratiques du capitalisme occidental, à américaniser leur patronyme et à exhiber leur fortune sans retenue.

L'organisation même de l'économie permet de ratisser large : aux croisements entre l'État et le secteur financier, dans les zones grises où s'enchevêtrent le public et le privé, aucun secteur n'est à l'abri des investigations. Selon Victor Shih, professeur à l'université de Californie à San Diego, la méfiance a grandi au cours du premier mandat de Xi, où il s'était entouré d'une équipe considérée à l'époque comme appartenant à la tendance dite libérale. En 2014, les réserves de change atteignent encore 4 000 milliards de dollars – c'est un motif de fierté face aux secousses internationales. Dès les premières mesures anticorruption, l'exode des capitaux s'accélère brutalement : « 1 000 milliards de dollars disparaissent en un an, explique Shih. Au sommet du pouvoir, c'en était fini de la confiance dans le secteur financier[19]. »

Les milliardaires rouges ne se sont pas interrogés longtemps sur les intentions du nouveau président. En 2013 et 2014, c'est un véritable exode qui s'organise, au point que les hommes d'affaires héritent d'un nouveau qualificatif sur les réseaux sociaux : on les appelle à leur tour « les hommes nus » – ils restent seuls en Chine pour travailler mais épouse, enfants et fortune sont installés à l'étranger. En 2014, un sondage effectué par la banque britannique Barclays révélait que 47 % des Chinois les plus fortunés envisageaient de quitter leur pays. La pratique est d'autant plus courante que le Canada et l'Australie, en particulier, échangent volontiers permis de résidence contre investissements conséquents. Les États-Unis restent la destination phare. La double nationalité n'est pas reconnue en Chine, mais nombre de citoyens appartenant à la nouvelle classe moyenne, y compris des fonctionnaires, seraient détenteurs d'un second passeport. Motifs invoqués, selon les interlocuteurs étrangers auxquels ils se confient : l'imprévisibilité propre au système, et l'éducation des enfants.

Le régime durcit progressivement les sanctions contre les personnalités en vue du secteur privé. En 2017, Anbang, une compagnie d'assurances, lancée dans une boulimie d'acquisitions à l'international et de pratiques opaques mêlant polices d'assurance et placements à court terme, est décapitée. Son président, Wu Xiaohui, bénéficie d'un réseau puissant puisqu'il est l'ex-mari d'une fille de Deng Xiaoping, et l'ami intime d'un fils de maréchal. Cela ne suffit plus. Il est condamné à dix-huit ans de prison pour escroquerie et détournement de 12 milliards de dollars. Puis c'est le tour d'un ancien dirigeant de Kweichow Moutai, la boisson nationale, numéro un mondial des alcools en matière de capitalisation boursière. Il a beau arroser depuis des années les puissants du régime, il est exclu du Parti et condamné à la prison à vie. Il aurait perçu 15 millions d'euros de pots-de-vin.

Il faut frapper plus fort encore. Xi Jinping prend lui-même la décision, et choisit celui qui doit servir d'exemple. Ce sera Xiao Jianhua – il évolue dans les plus hautes sphères du système depuis si longtemps qu'on le surnomme « le banquier des princes rouges ».

Enfant prodige, admis à 14 ans à la prestigieuse université de Pékin, proche du Parti au point de se désolidariser de ses camarades lors des événements de Tiananmen, il vend des ordinateurs sur le campus et devient millionnaire à 20 ans. Il comprend très tôt les appétits des hiérarques d'un régime qui, depuis la fin du siècle précédent, s'est ouvert à l'économie de marché. Jouant de ses relations au sommet du Parti, il crée un fonds d'investissement pour leur permettre de prendre leur part sonnante et trébuchante de l'essor spectaculaire de la technologie, de l'immobilier et de la finance durant les trente ans de « l'âge d'or ». En 2016, *Hurun* classe Xiao au trente-sixième rang des fortunes chinoises avec 6 milliards de dollars. Son *guanxi* – son réseau – est tel qu'il fait la fortune du fils du vice-président de Jiang Zhemin et rachète les parts de la sœur et du beau-frère de Xi quand ce dernier accède au pouvoir. Xiao estime alors judicieux de prendre la nationalité canadienne – il possède plusieurs propriétés en Amérique du Nord – et d'obtenir un passeport diplomatique d'Antigue-et-Barbude, un archipel des Caraïbes. À l'époque, les marchés financiers chinois subissent de fortes turbulences, nombre de petits épargnants sont ruinés, des responsables sont arrêtés. Fin 2016, craignant un durcissement du régime à l'approche du XIXe congrès, Xiao quitte Pékin pour s'installer à l'hôtel Four Seasons à Hong Kong, encore considéré officiellement comme un territoire autonome, et s'entoure de gardes du corps féminins aux tenues suggestives. À l'aube d'un jour de janvier 2017, les caméras de surveillance du palace enregistrent l'étrange comportement d'un groupe d'hommes poussant vers la sortie, sur une chaise roulante, un individu inerte, la tête couverte d'une couverture, et une énorme valise à roulettes. L'onde de choc est immense – nombre de milliardaires rouges sont officiellement domiciliés dans l'île, et l'avertissement est limpide. Xiao ne donnera plus aucun signe de vie pendant cinq ans et demi – ce n'est pas un enlèvement, répétera inlassablement le porte-parole de sa holding, Tomorrow Group, il se repose à l'étranger. Fortement investi dans différentes entreprises publiques, notamment banques et compagnies d'assurances, le groupe sera démantelé pièce par pièce à partir de 2020 pour cause de « tromperies à l'égard des actionnaires et d'endettement excessif ». Les autorités canadiennes n'auront aucun accès au dossier.

En août 2022, âgé de 50 ans, voilà Xiao Jianhua qui réapparaît devant un tribunal à Shanghai. Accusé d'avoir « sévèrement mis en danger la sécurité financière du pays », il est condamné pour collecte illégale de fonds auprès du public, d'abus de confiance et de corruption – le jugement précise qu'en vingt ans il a soudoyé de nombreux officiels et précise le montant : 100 millions d'euros. Il écope de treize ans de prison, 945 000 euros d'amende à titre personnel et 8 milliards d'euros pour son groupe financier. Il n'a pas fait appel[20].

En décembre 2022, c'est au tour de Li Hejun de disparaître : arrêté par la police, il avait fait fortune dans les panneaux solaires au point d'être en tête des fortunes chinoises en 2014. Sa chute fut rapide, entraînant avec lui plusieurs responsables financiers de sa province du Liaoning. La lutte anti-corruption suit son cours[21].

Pour frapper les esprits, le régime sait comment sévir plus durement encore.

Membre du Parti, ancien président de Huarong, l'une des plus grandes sociétés publiques de gestion d'actifs, Lai Xiaomin, 58 ans, est condamné à mort et exécuté en janvier 2021. Il était accusé de corruption – 215 millions de dollars de pots-de-vin – et de polygamie – épouses et maîtresses auraient reçu une centaine de propriétés dans le sud du pays à en croire *Caixin*, le média chinois respecté pour la relative indépendance de ses enquêtes économiques. Il avait conduit la société publique au bord de la faillite à coups de montages et d'investissements douteux, fragilisant l'ensemble du système financier. Ses liens avec des personnalités haut placées lui auraient été fatals – la mise à mort a valeur d'avertissement.

5

Prospérité commune

Le film est sorti en 2013, et son succès a été immédiat. Le titre est explicite : *Rêves américains à la chinoise*. Le générique commence au rythme d'une *Internationale* version chaloupée et se termine par un montage d'images où l'on reconnaît Jack Ma et le logo d'Alibaba, une certaine Tao Huabi, impératrice de la sauce chili Laoganma et figure du Parti, et le visage de celui qu'on surnomme « le parrain de l'éducation ». L'histoire de ce jeune homme qui intègre une université prestigieuse et crée une entreprise à la réussite spectaculaire ressemble à s'y méprendre à celle de Yu Minhong, alias Michael Yu, le fondateur de New Oriental, la plus grande société chinoise d'éducation privée, célèbre dans tout le pays pour ses centres d'apprentissage, ses cours en ligne et ses librairies. Son slogan : « Le chemin du succès »[1].

L'itinéraire de Yu est emblématique de cette génération de capitalistes à la chinoise nés dans l'extrême pauvreté et pris dans les tourbillons de la métamorphose économique et politique du pays. Né en 1962 dans la province du Jiangsu, au nord de Shanghai, d'un père paysan illettré et d'une mère ouvrière en usine, il entre de justesse au lycée et échoue à l'examen d'entrée à l'université. Sa mère parvient grâce à son réseau local – toujours le *guanxi* – à le présenter trois fois à l'université de Pékin. Il y réussit au point d'y devenir professeur d'anglais. Candidat malheureux à une bourse d'études pour les États-Unis, il propose des cours à l'extérieur du campus, aussitôt interdits par l'université au lendemain des événements de Tiananmen. Le voilà installé dans un bungalow, dans la capitale, collant des affichettes sur les poteaux électriques en guise de publicité. En 1993, il publie un manuel d'anglais qui devient « le petit livre rouge » des étudiants et lance sa société. En 1995, il est multimillionnaire et envoie sa famille s'installer au Canada. En 2002, trois cent cinquante mille étudiants sont inscrits à New Oriental. En 2006, introduction en Bourse à New York – la première société privée chinoise à être ainsi cotée. En 2018, Yu Minhong apparaît dans la liste des « cent entrepreneurs privés exceptionnels au cours des quarante ans de réforme et d'ouverture » établie par le Département du travail du Front uni du Comité central et la Fédération panchinoise de l'industrie et du commerce. Il ne rechigne pas à se comparer à Jack Ma, qui lui aussi avait fait ses débuts comme professeur d'anglais. Invités dans une même conférence, leur dialogue tourne à l'aigre : « En Chine, dans cent ans, Alibaba et le commerce en ligne ne seront peut-être plus là, mais l'éducation, si », affirme Yu. « Dans cent ans, l'éducation sera toujours là, mais sûrement pas New Oriental », rétorque Ma...

Yu Minhong est loin d'être le seul à avoir compris l'ampleur des besoins en matière d'éducation. Face à un marché de deux cents millions d'enfants, l'industrie pèse quelque 260 milliards de dollars. XueErSi et TAL (Tomorrow Advancing Life), Zuoyebang (aide pour le travail à la maison), la plateforme VIPKid, Yuanfudao, Gaotu Techedu, 51Talk – autant d'entreprises qui ont attiré dans leurs filets des millions de familles obsédées par la réussite scolaire et la compétition effrénée à l'examen d'entrée des universités, le redouté *gaokao*, clé de leur avenir. « Venez et nous formerons votre enfant, disait une publicité sur les réseaux sociaux en 2020 ; ne venez pas et nous formerons son compétiteur ! »

Jusqu'à l'adolescence, l'enseignement en Chine est gratuit, et pourtant, en milieu urbain, près de la moitié du budget familial y passe. En cause, l'accumulation de cours privés – plus de dix heures par semaine, imposés à des enfants surchargés depuis la maternelle – et une offre pléthorique sans régulation des tarifs, sans vérification de la qualité ou de la régularité des enseignements proposés.

L'industrie de l'éducation privée est « une maladie infectieuse », décrète Xi Jinping en mars 2021. En juillet, le gouvernement impose « la double réduction » : réduction du nombre d'heures consacrées aux devoirs à la maison, et restrictions imposées aux sociétés, qui ne pourront plus faire de profits, recevoir de financement étranger ou se faire coter en Bourse. Que le régime s'empare du sujet n'est pas une surprise, mais la brutalité et la sévérité draconienne des mesures sont telles que le secteur est instantanément frappé de paralysie, les familles restant désemparées. Les objectifs sont multiples : la démographie est en chute libre, il faut encourager les couples à avoir plus d'enfants sans craindre de ne pouvoir payer pour leur éducation, et à mieux réguler les horaires des enfants. Le secteur est chaotique et les capitaux engagés, trop importants.

Surtout, il est impératif de durcir le contrôle idéologique. Dès l'été 2021, les manuels étrangers sont interdits à l'école primaire et secondaire, l'enseignement de « la pensée de Xi Jinping » devient obligatoire depuis la maternelle jusqu'à l'université. Les écoles privées, souvent bilingues, qui accueillaient environ un cinquième des élèves dans tout le pays et dont les profits sont désormais sous contrôle, sont « encouragées » à rejoindre le secteur public. Les enseignants étrangers s'en vont. En pleine crise du Covid-19, le secteur s'ankylose. Les étudiants chinois qui en ont les moyens intellectuels ou financiers ne partent plus aux États-Unis – ceux qu'on surnomme « les tortues de mer », qui suivent un cursus à l'étranger, rentrent au pays. Le ministère de l'Éducation publie de nouvelles consignes interdisant aux bibliothèques scolaires de conserver des ouvrages « promouvant des idées erronées comme l'individualisme, le néolibéralisme et toute idéologie étrangère[2]. » Il est temps de se conformer à « la quadruple confiance en soi » – dès 2016, l'Empereur avait ajouté « la confiance en soi culturelle » à la doctrine édictée par le Parti enjoignant la confiance « dans la voie, la théorie et le régime du socialisme à la chinoise ». La propre fille de Xi Jinping, Xi Mingze, née en 1992, avait pourtant étudié le français au lycée avant d'aller à Harvard, où elle a obtenu un diplôme de psychologie...

En 2021, la capitalisation boursière de New Oriental, le groupe de Yu Minhong, dégringole de 30 à 3,5 milliards de dollars, les revenus chutent de 80 %, soixante mille personnes sont licenciées. Son fondateur se répand sur les réseaux sociaux pour regretter tout à coup que « l'éducation dans les campagnes reste à la traîne » et annonce la création d'une plateforme pour vendre des produits agricoles. Son nouveau but dans la vie : « Aider les jeunes agriculteurs à rester à la campagne plutôt que rejoindre les usines en ville, et permettre aux enfants de grandir avec leurs parents plutôt que leurs grands-parents. » Yu n'hésite pas non plus à prendre part à une campagne déplorant le déclin des valeurs morales traditionnelles, appelant les femmes à faire montre de plus de vertu. Il faut savoir s'adapter à la nouvelle ère décrétée par l'Empereur : Yu parvient à ressusciter New Oriental en diffusant en ligne des cours d'anglais et d'histoire à partir d'une filiale cotée à Hong Kong, Koolearn Technology. En prime, les enseignants font, en anglais et en musique, la pub de steaks de bœuf, une façon de promouvoir les produits de la campagne et de tester à la marge le degré de tolérance du régime[3]...

> Il faut comprendre qu'en Chine plus encore qu'ailleurs l'éducation est à la fois un vecteur d'influence étrangère et un énorme accélérateur d'inégalités, explique Antoine Bondaz, chercheur à la Fondation pour la recherche stratégique. Avec les restrictions dues au « zéro Covid » et au ralentissement économique, la situation était devenue inacceptable politiquement. Certes les cours privés sont interdits, mais faites confiance à l'ingéniosité chinoise... Les mêmes professeurs enseignent maintenant les disciplines autorisées comme le dessin ou le sport, mais en anglais[4] !

Sortant provisoirement de l'étranglement des mesures zéro Covid, l'économie chinoise affiche un léger rebond. C'est le moment que choisit le régime pour afficher ses nouvelles ambitions. « Nous avons construit une société modérément prospère complète », décrète Xi Jinping[5]. La croissance à tout prix n'est plus l'objectif. Il faut désormais lutter contre « l'expansion désordonnée du capital » et assurer « la prospérité commune, [qui est] une exigence essentielle du socialisme et une composante clé de la modernisation aux caractéristiques chinoises », déclare-t-il en août 2021. Il rappelle que cet idéal est non seulement celui de Marx mais aussi de Confucius, qui affirme dans les *Analectes* : « Le sage dirigeant ne se préoccupe pas de la pauvreté mais de l'inégalité ; il ne s'inquiète pas du nombre de ses administrés mais de leurs divisions excessives[6]. » Une maxime du sage célébré par le régime reste tout aussi pertinente : « Là où il y a satisfaction, il n'y a pas de révolte. »

La question taraude depuis longtemps les économistes : la performance économique de la Chine jusqu'à l'avènement de Xi est-elle due au rôle du Parti et à sa forme de technocratie flexible, ou est-elle intervenue malgré le système, dans la mesure où le Parti ne s'en est pas mêlé ? « Avec Xi, depuis dix ans, l'évidence s'impose : le développement économique n'est plus la priorité, mais bien la consolidation idéologique, explique Alice Ekman. L'emprise du Parti au sein des entreprises, les exercices obligatoires d'examen politique se sont renforcés au détriment des compétences professionnelles. La Chine de Xi considère que le Parti doit davantage superviser l'économie et les entrepreneurs. Le temps est venu de refermer la parenthèse capitaliste[7]. »

Le régime fiscal chinois est avantageux pour les entrepreneurs : l'impôt sur les bénéfices est plafonné à 25 %, pour les individus, les gains en capital, intérêts et dividendes bénéficient d'un taux fixe de 20 % ; les salaires et les rémunérations sont soumis à des taux progressifs allant de 3 % à 45 %.

En 2021, l'année du centenaire du Parti communiste, le classement publié par *Hurun* affiche un nombre record de milliardaires : neuf cent quatre-vingt-douze, bien plus que les États-Unis et l'Inde réunis. Cent millions de Chinois figurent dans les 10 % des personnes les plus riches du monde. Les chiffres traduisent aussi une autre réalité : les inégalités au sein de la société chinoise sont du même ordre de grandeur que celles qui frappent les États-Unis : 1 % des Chinois les plus fortunés contrôlent 30,6 % de la richesse nationale, selon le baromètre de Crédit suisse. Le revenu moyen des citadins est deux fois et demie celui des ruraux. Six cents millions d'individus, soit 40 % de la population, vivent encore avec 140 dollars par mois[8]. Le régime a beau se targuer d'avoir éradiqué l'extrême pauvreté, de nombreux récits sur les réseaux sociaux décrivent les malheurs des ouvriers migrants avant d'être promptement effacés par la censure. La pandémie qui a explosé à Wuhan début 2020 et ralenti l'activité économique a lourdement aggravé le sort des plus vulnérables.

Xi Jinping a choisi une région test pour mettre en place « la prospérité commune » d'ici à 2035 : le Zhejiang, une province de la côte orientale, qu'il connaît bien puisqu'en 2002 il y avait dirigé les activités du Parti. C'est là qu'Alibaba et d'autres conglomérats ont leurs quartiers généraux. Un milliardaire sur six en est originaire. C'est dire si le choix est ciblé. Le gouvernement local a publié un document de cinquante-deux pages énonçant un certain nombre d'objectifs – un revenu moyen de 11 500 dollars par personne, soit 40 % plus élevé que le montant actuel, et peut-être une participation des salariés aux profits des entreprises[9].

Comment assurer « la prospérité commune » à l'échelle du pays tout entier si ce n'est en visant d'abord les excès les plus choquants selon les critères en vigueur, notamment en matière de mœurs ?

Une pluie de nouvelles réglementations s'abat sur tous les secteurs d'activité. Sur les réseaux sociaux, les internautes parlent de « brouillard d'été » ou de « contrôle tous azimuts » pour décrire ces quelques mois où plus rien ni personne ne semble à l'abri des foudres du régime. Zheng Shuang, l'une des actrices les plus populaires du pays, est poursuivie pour avoir dissimulé 46 millions de dollars au fisc. Elle avait aussi été accusée d'avoir abandonné aux États-Unis deux bébés en gestation chez des mères porteuses. Les films et les émissions de télévision où elle apparaît sont effacés d'Internet, comme ceux d'une autre actrice, Zhao Wei. Les classements des célébrités sur les réseaux sociaux sont interdits de façon à calmer les ardeurs de leurs fans et des grandes marques qui les promeuvent, « exerçant une influence négative sur la santé physique et mentale des jeunes », selon l'instance de régulation d'Internet. Les stars masculines, qui n'hésitent plus à porter de faux cils et à se maquiller avec ostentation à la satisfaction des groupes de cosmétiques locaux, sont rappelées à l'ordre. Les humoristes ne parlent plus de sexe ou de politique. Un animateur de télévision évoquant l'époque de l'occupation japonaise à Nankin est censuré pour « nihilisme historique ». La Cour suprême décrète que les soixante-douze heures de travail par semaine, de mise à Alibaba et d'autres groupes technologiques, sont illégales. L'augmentation des loyers est autoritairement bloquée. Le nationalisme le plus fervent est de rigueur dans toute forme d'expression publique ou même privée – entre amis, la prudence reste de mise dans les conversations.

Plus question de répandre ses indignations sur les réseaux sociaux. En juillet 2021, Sun Dawu, 67 ans, un autodidacte devenu milliardaire, magnat de l'agroalimentaire, l'un des plus gros producteurs de poulet et de porc du pays, très populaire dans sa région du Hebei pour avoir créé une forme d'exploitation coopérative, est condamné à dix-huit ans de prison et 480 000 dollars d'amendes. Motifs officiels : exploitation minière illégale, occupation illégale de terres agricoles, entrave à la fonction publique, rassemblement d'une foule en vue d'attaquer des organes de l'État ou encore provocation aux troubles. L'explication est autre : connu pour sa liberté de ton, Dawu avait dénoncé sur le réseau social Weibo une intervention de la police dans le conflit qui opposait ses employés à une ferme d'État voisine[10]. Il était depuis longtemps mal vu des autorités : lors de l'épidémie de peste porcine, en 2019, qui avait provoqué l'abattage de millions d'animaux, il avait publié des photos de cochons morts en critiquant le laxisme des autorités locales. Il avait récidivé lors de l'apparition du Covid-19 – c'en était trop. Le voilà réduit au silence.

Sur Internet le débat s'enflamme sur le sens à donner à « la prospérité commune. » Sous le pseudonyme Li Guangman, un commentateur nostalgique du maoïsme, longuement relayé par la presse officielle et donc encouragé en haut lieu, se réjouit de ce retour aux sources.

> Un retour aux aspirations initiales du Parti communiste chinois, un retour du pouvoir vers le peuple échappant à la clique capitaliste, un retour à l'essence du socialisme, à l'esprit révolutionnaire, à l'héroïsme, au courage et à la rectitude. [...] Le marché des capitaux n'offrira plus aux capitalistes un paradis où ils pourront s'enrichir du jour au lendemain, [il] ne sera plus un paradis pour les stars efféminées, les nouvelles et l'opinion publique ne seront plus en position de vénérer la culture occidentale. Nous avons besoin de reprendre le contrôle sur le chaos culturel et de bâtir une culture vivante, saine, virile, orientée vers les gens[11].

Choisir les cibles qui provoquent la colère populaire est une chose, appeler à la rébellion en est une autre. Xi Jinping a suffisamment souffert de la Révolution culturelle pour ne pas encourager un contre-feu. L'agence Chine Nouvelle s'empresse de préciser que « la prospérité commune n'est pas l'égalitarisme, il ne s'agit pas de voler les riches pour aider les pauvres selon l'interprétation erronée des médias occidentaux », tandis qu'un autre commentateur souligne qu'« il est néfaste de ranimer certains souvenirs historiques et de nourrir la confusion idéologique ». Plus intéressant, Ren Yi, un chroniqueur connu pour son nationalisme et son soutien au chef suprême, souligne que cette vague de populisme économique existe aussi dans les pays occidentaux et vise à calmer la colère de la classe moyenne : « Si la politique dans ces pays concerne les conflits entre les individus et leur gouvernement, en Chine il s'agit de la confrontation entre groupes d'intérêt et intérêt général[12]. »

Victor Shih, professeur à l'université de Californie, est loin de partager la même lecture et l'explique à Harold Thibault du journal *Le Monde* : « Personne en Chine ne peut débattre avec le président. Ses priorités deviennent des politiques, et personne ne peut les remettre en question, les interroger ou défendre une position inverse. Beaucoup de cadres de rang moyen, de chercheurs dans les instituts proches du gouvernement font de leur mieux pour présenter des données et des propositions à l'échelon supérieur, mais celles-ci sont filtrées au sommet. L'entourage de Xi lui présente certaines informations et pas d'autres, sans qu'on sache précisément comment ce filtrage s'opère ni pourquoi le président va changer d'avis ou de politique d'un jour à l'autre[13]. »

C'est bien le piège dans lequel vont tomber quelques-uns des plus grands noms du capitalisme à la chinoise.

6

Les géants entravés

La disgrâce de Jack Ma et l'annulation des cotations de son groupe, en novembre 2020, ont sonné le tocsin : pour les milliardaires du numérique chinois comme pour leurs actionnaires, c'est la fin de l'âge d'or. À coup de règlements jusque-là en sommeil et d'improvisations brutales, le régime lance l'offensive contre les sociétés les plus puissantes du secteur. Un secteur qui pèse lourd – soixante-treize sociétés pèsent plus de 1 000 milliards de dollars et emploient des millions de salariés – et qui a permis à la Chine un formidable bond en avant, passant du développement industriel à la robotique, au big data et à l'intelligence artificielle. Tout à coup, les sanctions pleuvent sur les enseignes les plus emblématiques. Alibaba, dont l'activité commerciale est alors deux fois celle d'Amazon, est frappé d'une amende de 2,8 milliards de dollars pour abus de position dominante. La valeur du groupe plonge en quelques mois de 60 %. JD.com, un service de livraison, le moteur de recherche Baidu et Pinduodo, une place de marché, sont accusés de comportements monopolistiques. En juin 2021, Didi, l'Uber chinois, qui a plus de clients que toute la population américaine réunie, entreprend de s'introduire en Bourse à New York et lève un montant record de 4,4 milliards de dollars. Un an plus tard, le groupe est condamné à payer 1,2 milliard de dollars pour violation des règles en matière de cybersécurité et de collecte des données. Pendant l'enquête, conduite simultanément par sept agences d'État différentes, son application est effacée de tous les fournisseurs d'accès. La société sort de la Bourse américaine – son cours chute de 80 %. Plusieurs entreprises liées à Xiaomi, le géant des smartphones, ajournent à leur tour leurs projets de levées de fonds. Les agences de régulation les soupçonnent de faire partie d'un écosystème bénéficiant des investissements directs ou indirects de leur client principal. NetEase, une plateforme de divertissements en ligne, renonce à se faire coter à Hong Kong. WeChat, l'application phare de Tencent, suspend son service d'abonnements pour se conformer aux nouvelles normes. Meituan, un conglomérat de services numériques regroupant seize activités différentes, fait l'objet d'une enquête pour contravention aux lois de la concurrence. Au même moment il est attaqué sur la façon dont est traitée sa main-d'œuvre. Au printemps 2021, le directeur adjoint de la Commission des relations sociales de l'État s'est fait passer pour l'un des innombrables livreurs du groupe et raconte son expérience harassante à la télévision, provoquant l'indignation et la compassion du public qui les considère comme des héros depuis les confinements à répétition. Meituan perd 20 % de son chiffre d'affaires, soit 42 milliards de dollars[1].

En six mois, 1 000 milliards de dollars de la valeur boursière de l'ensemble du secteur se sont ainsi évaporés.

L'Empereur est le seul arbitre des élégances. Les levées de fonds doivent avoir lieu en Chine et non plus aux États-Unis. Les enjeux nationaux sont plus essentiels que les capitaux et les talents étrangers, qui restent bienvenus à partir du moment où ils répondent aux besoins définis par le régime. Au cœur de la reprise en main : les données, les informations récoltées en masse auprès des utilisateurs, dont les géants du numérique s'estimaient jusque-là seuls propriétaires. Le pouvoir en a compris l'importance : d'ici à 2025, le pays pourrait concentrer à lui seul un tiers des données mondiales, un atout majeur dans la compétition acharnée avec les États-Unis pour régner sur l'ère de l'intelligence artificielle. Le régime veut le contrôle exclusif de ce qu'il qualifie désormais, selon le vocabulaire marxiste, de « facteur de production », au même titre que le capital, le travail, la terre et la technologie. Sous couvert d'une loi sur la protection des données personnelles, les voilà canalisées sous l'égide d'une agence de l'État alors que l'incompatibilité entre systèmes propriétaires empêche encore leur agrégat.

À plus court terme, une autre priorité s'impose : empêcher « le développement désordonné du capital » et juguler le pouvoir de ces milliardaires qui, en une génération, ont construit leurs conglomérats en bénéficiant des capitaux occidentaux et en imitant le modèle américain sans être tenus par les mêmes contraintes juridiques et sociales. Des transferts de technologie massifs leur ont été consentis au départ, en particulier par les géants de la Silicon Valley pressés de pénétrer l'immense marché intérieur chinois – sans compter une conception très souple de la propriété intellectuelle, sinon l'espionnage pur et simple. Encore fallait-il déployer l'immense talent et l'extraordinaire capacité d'innovation étouffés trop longtemps dans le pays sous la gangue de la misère et de l'oppression.

À l'abri de la concurrence étrangère grâce à des barrières douanières infranchissables et au « Grand Pare-Feu » informatique mis en place à la fin des années 1990, les géants du numérique chinois ont connu une croissance pratiquement ininterrompue, parvenant à rattraper et même à dépasser leurs homologues américains – les Apple, Alphabet, Amazon, Facebook, Netflix et autres.

Les voilà maintenant entrés dans l'ère de la « rectification ». Le Parti y veille qui, depuis 2020, multiplie les cellules de contrôle idéologique au sein des entreprises, qu'elles soient chinoises ou étrangères. Les consignes, publiées dans *Le Quotidien du peuple*, sont claires : « Unifiez les membres du secteur privé autour du Parti, et améliorez la promotion du développement sain de l'économie de marché afin de favoriser un système d'entreprises modernes aux caractéristiques chinoises ». Les dirigeants du secteur privé n'ont plus le choix : « Les entreprises doivent adhérer au principe selon lequel le Parti possède un pouvoir de décision en matière de ressources humaines », lit-on dans *Le Monde* en décembre 2020. Ordre est donné de suivre « la direction politique correcte ». Au prestigieux Institut de management Guanghua de l'université de Pékin, les étudiants en première année de master suivent désormais un cours obligatoire intitulé : « Théorie et pratique du socialisme aux caractéristiques chinoises dans la nouvelle ère Xi Jinping[2] ».

Le Big Boss, comme le surnomment les professionnels du numérique, a donc tranché : entre la Commission du cyberespace du Parti, obsédée par la sécurité, et le Comité de la stabilité et du développement financiers, qui dépend du Premier ministre, partisan d'une ligne plus souple en fonction du Covid et du ralentissement économique, Xi Jinping a choisi la ligne dure.

Selon Victor Shih, qui suit attentivement les soubresauts de la scène économique chinoise, « les entrepreneurs du secteur privé ont beaucoup de mal à apprécier et à prédire le risque politique dans un système qui reste opaque : personne ne sait s'il va ou non contrarier les autorités[3] ». Shuli Ren, de l'agence Bloomberg, estime en novembre 2022 que les analystes en sont réduits à guetter sur les réseaux sociaux le moindre message révélateur de l'humeur de l'Empereur[4]...

François Chimits, économiste au sein de l'Institut Mercator d'études asiatiques, propose une analyse plus nuancée : « Dans cette tempête réglementaire à la chinoise, il y a en fait concomitance entre des réformes structurelles assez sincères – renforcement des règles, réorganisation du cadre administratif – et des règlements de comptes politiques visant à nettoyer certains réseaux de protection accordée aux principaux acteurs. Contrairement au secteur financier, on ne voit pas de punition pour corruption, à l'exception de celle de l'ancien directeur adjoint de la Commission de régulation, qui est en prison. Les réformes, qui étaient sans doute sur la table depuis un certain temps, mettent en place un système assez semblable aux contraintes juridiques européennes concernant l'encadrement des pratiques concurrentielles et la protection des données des utilisateurs. Il fallait aussi mettre un terme à l'ankylose et à la cannibalisation de l'économie par deux acteurs majeurs qui avaient mis en place à leur profit un écosystème complètement dual : Alibaba et Tencent[5]. »

Tencent est l'autre géant des services en ligne. Il est la création d'un autre Ma, et son ennemi intime : Ma Huateng, alias Pony Ma. *Ma*, qui signifie cheval (d'où le sobriquet américanisé), est un patronyme répandu en Chine ; Jack et Pony n'ont aucun lien de parenté, mais ils sont contemporains et n'ont cessé de se défier depuis la fin des années 1990. La cérémonie où les deux Ma, côte à côte, recevaient en 2018 le « certificat de pionnier de la réforme » pour marquer le quarantième anniversaire de l'ouverture économique de la Chine illustre en fait une rivalité sans merci. Leur animosité est légendaire. « Le plus gros problème avec Tencent, c'est qu'en matière d'innovation tout est copié ! » répétait à l'envi le maître d'Alibaba. De fait, leurs deux groupes ont créé des écosystèmes murés, incompatibles entre eux : impossible d'utiliser un service de l'un pour commander ou payer une offre de l'autre. Les grandes plateformes de commerce en ligne, qui les utilisent, imposent leur choix à leurs clients, empêchant toute concurrence.

WeChat est au départ une application de messagerie textuelle et vocale qui, en dix ans, dès la vulgarisation du smartphone, a développé une gamme de services telle que tous les besoins de ses abonnés sont couverts en un simple clic – à la fois Facebook, WhatsApp, Twitter, PayPal, Uber, Vélib, Amazon et Doctolib réunis sans oublier les opérations bancaires et administratives, et bien sûr les codes QR liés au Covid-19... En 2014, Tencent lance l'argent virtuel – une innovation que Jack Ma compare à l'attaque de Pearl Harbor contre son propre groupe : les enveloppes rouges traditionnellement utilisées par les familles chinoises pour offrir de l'argent au Nouvel An sont numérisées –, la fonction vocale est indispensable, vu la difficulté de taper des idéogrammes sur un portable. Un milliard trois cents millions de comptes sont quotidiennement activés dans le monde, soit un tiers du trafic mobile en Chine et un taux de pénétration de 92 % dans les grandes villes[6]. La diaspora chinoise, aux États-Unis, en Europe et dans les autres pays d'Asie, l'utilise volontiers. De multiples enseignes ont mis en place leurs propres programmes de façon à être directement accessibles via WeChat. C'est le cas de Shein, l'entreprise de prêt-à-porter bon marché au succès planétaire – avec une fortune estimée à 10 milliards de dollars, Chris Xu, son fondateur, a fait une entrée remarquée dans la liste des Chinois les plus riches.

Un tel outil convient parfaitement au système de surveillance mis en place par le régime communiste : WeChat sait tout de vous à commencer par votre identité. L'accès peut être à tout moment interrompu si tel propos ou telle photo sont jugés « incorrects ». Dès 2019, tout commentaire sur l'origine du Covid-19, toute critique sur la gestion de la pandémie sont interdits. En 2021, plusieurs comptes sont suspendus pour avoir mentionné la joueuse de tennis Peng Shuai, qui a accusé de viol un haut responsable du Parti. La même année, plusieurs comptes officiels d'universités ou d'organisations engagées dans l'affirmation des droits LGBT sont supprimés. Plus récemment, en pleine guerre en Ukraine, un texte signé par cinq professeurs d'université critiquant l'agression russe a été promptement effacé. De fait, la multi-application est au cœur de la dictature techno-numérique puissamment renforcée par Xi Jinping depuis son arrivée au pouvoir.

Tencent, le propriétaire de WeChat, est le plus puissant des groupes privés chinois et pèse 375 milliards d'euros – 110 milliards d'euros de plus que l'américain Meta, anciennement Facebook. Le nom évoque les 10 centimes que coûtait l'envoi d'un SMS à l'époque de sa création[7]. Numéro un mondial du jeu vidéo, principal acteur du capital-risque avec des intérêts croisés dans quelque six cents sociétés, il est aussi le premier investisseur à l'étranger : en 2021, il a procédé à plus d'une centaine d'acquisitions dans le secteur, sans compter ses participations dans Spotify et Universal Music –, Vivendi en a vendu 10 % à deux reprises au chinois, qui contrôle aussi 49,9 % d'Ubisoft.

Loin des foucades de Crazy Jack, qui ont coûté cher à Alibaba, Pony Ma n'a jamais tenté de narguer le régime. Au contraire, tout au long du développement de son groupe, il n'a cessé de donner des gages de bonne conduite, épousant les méandres et les reptations du système au mieux de ses intérêts. En 2012, dès son arrivée au pouvoir suprême, c'est au quartier général de Tencent, installé à Shenzhen dans des tours jumelles, que Xi Jinping réserve sa première visite officielle. En 2017, Pony signe un ouvrage consacré au « partage des richesses » – on ne saurait mieux s'inscrire dans la pensée dominante. La même année, s'exprimant devant la Commission centrale aux affaires politiques et juridiques du Parti, qui supervise les forces de police et l'appareil judiciaire, il affirme avec une certaine candeur : « Les données sont une force de production, plus vous laissez les données faire le travail, et moins les agents de police ont besoin de courir partout. » Les applications de communication étrangères sont tout bonnement interdites, et WeChat est ouvertement soutenu par le Parti.

Ma Huateng, dit Pony, le fondateur du groupe, est né en 1971 dans la province du Guangdong.

Membre du Parti, son père exerçait des fonctions importantes dans le secteur des transports à Shenzhen. Diplômé en informatique de l'université locale, le garçon fait ses débuts dans la radiomessagerie, met au point un premier site, Ponysoft, et crée en 1998 la Tencent Computer System Company. Il prend soin d'enregistrer la société aux îles Caïman de façon à pouvoir bénéficier d'investissements occidentaux. Le premier d'entre eux, qui reste à ce jour le plus gros actionnaire : le sud-africain Naspers, rejoint en 2000, lors de l'éclatement de la bulle Internet, par l'américain International Data Group et PCCW. Coté à Hong Kong en 2004, le groupe se lance dans la messagerie téléphonique et connaît un développement spectaculaire à partir de 2007 grâce aux jeux vidéo – sous licences sud-coréennes d'abord, puis produits dans ses propres studios. Le fondateur impose à ses troupes des règles d'airain : chaque mois, les chefs de produit doivent cultiver leurs relations avec les utilisateurs en procédant à dix sondages, en consultant cent blogs et en analysant mille commentaires[8].

Pour être extrêmement lucratif tant les Chinois s'y adonnent avec passion, le secteur n'est pas de tout repos. *Honor of Kings*, le jeu vidéo le plus populaire, s'inspire de l'histoire chinoise, même si les personnages sont fictifs. « Distorsion ! » dénonce *Le Quotidien du peuple* – Tencent procède aussitôt aux corrections nécessaires. L'addiction à ce jeu a atteint un niveau tel que certains participants en meurent d'épuisement. La société impose, sans grand succès, des temps de jeu en fonction de l'âge des utilisateurs. Rien n'y fait – la presse officielle se livre alors à une critique en règle de *Honor of Kings*, provoquant la chute immédiate du cours de Bourse du groupe.

L'obédience ne suffit pas à protéger des embardées idéologiques du moment. Tout en s'attaquant frontalement aux entreprises florissantes de l'éducation privée au nom de « la prospérité commune », le régime s'inquiète de ce nouvel « opium spirituel » : les jeux vidéo accaparent les enfants dès leur plus jeune âge, et la myopie devient une épidémie qui ravage la population étudiante. Les confinements et les quarantaines imposés au nom du zéro Covid ont aggravé les tendances. Déjà, en 2019, les autorités avaient recommandé de limiter le temps de jeu des moins de 18 ans à quatre-vingt-dix minutes par jour en semaine, et trois heures le week-end. L'action de Tencent avait aussitôt baissé de 11 %. En 2021, les ordres tombent : interdiction de jouer en semaine ; une heure par jour autorisée de vingt et une heures à vingt-deux heures les week-end et jours fériés. L'État protecteur a repris en main la vie de ses sujets. Les parents seraient enchantés, clame la presse officielle, tant d'influences malsaines sont enfin réprimées ! Les éditeurs sont incités à ne pas imiter les modèles japonais, à éviter toute ambiguïté sexuelle dans le choix des personnages, à exalter les valeurs patriotiques et des idéaux positifs. Les nouvelles licences nécessaires à la diffusion, octroyées sous le contrôle de la Commission de la propagande, sont gelées. La fusion des deux plus grandes plateformes de streaming, souhaitée par Tencent, est interdite. Des milliers de petits studios sombrent. Le secteur entier se consolide et se tourne vers l'international. Le groupe licencie quatorze mille personnes en quelques mois ; son cours de Bourse chute de 51 %. Pour rester à flot, il attribue à ses actionnaires, en guise de dividendes, la majeure partie de sa participation dans Meituan – le montant atteint 23 milliards de dollars. En se détachant de cet autre mastodonte du marché numérique, Tencent réduit volontairement son emprise et répond ainsi à la volonté du régime de réguler les complicités monopolistiques entre plateformes. Député à l'Assemblée nationale populaire, Pony Ma annonce qu'il proposera au XXe congrès d'octobre 2022 une série de mesures pour la revitalisation des campagnes chinoises et la protection du patrimoine naturel.

Il reste à la tête de son groupe et de la troisième fortune du pays, même s'il en a perdu la moitié.

Le plus puissant – et le plus riche – des entrepreneurs de la tech chinoise est l'homme qui a eu l'idée en 2016 de proposer aux mordus d'Internet de partager leurs vidéos. Aujourd'hui, avec un milliard d'utilisateurs dans cent cinquante pays, TikTok est devenu un phénomène mondial. L'outil d'expression, d'échange, de promotion, de commercialisation et d'influence le plus répandu de la planète est chinois, et la plupart de ceux qui s'y adonnent avec frénésie l'ignorent. En Chine, son nom est Douyin, et ses contenus, limités, sont sous le contrôle des censeurs intégrés à l'entreprise. En 2021, la valorisation de ByteDance, le groupe propriétaire, dépassait 180 milliards de dollars, supérieure à celle de TotalEnergies. En moins de dix ans, il est devenu l'une des premières entreprises privées du monde.

Zhang Yiming, son créateur, est né en 1983 dans le Fujian, une riche province côtière face à Taïwan. Ses parents, qui se sont rencontrés dans une entreprise collective dirigée par le Parti, s'installent plus au sud, à Guangdong, l'ancienne Canton, pour monter une usine de transformation de produits électroniques. Le fils est diplômé de l'université de Nankai en ingénierie des logiciels. Il travaille d'abord pour Kuxun, un moteur de recherche touristique devenu une filiale de TripAdvisor, puis pour Microsoft, dont les centres de recherche en Chine vont former quelque six mille scientifiques et ingénieurs irriguant tout le secteur. En 2009, Zhang Yiming fonde une première entreprise, un moteur de recherche spécialisé dans l'immobilier. En 2012, il crée ByteDance, qui réunit plusieurs applications utilisant des techniques d'intelligence artificielle. Un agrégateur de contenus d'actualités, Toutiao, financé par des fonds américains – Susquehanna International Group puis Sequoia Capital –, mais aussi russes – Mail.ru Group –, devient vite populaire. En 2015, il rachète Musical.ly, une sorte de karaoké en images qui fait un tabac sur iTunes. En 2018, avec plus de cent vingt millions d'utilisateurs, le site crée une nouvelle fonction permettant d'échanger des histoires drôles et des plaisanteries à forte connotation sexuelle. C'en est trop : dès le lendemain les autorités exigent sa suppression. Zhang promet alors d'embaucher six mille personnes à l'échelle du groupe pour surveiller les contenus « sensibles », et présente publiquement ses excuses : « Notre produit a pris le mauvais chemin et un contenu est apparu sans commune mesure avec les valeurs fondamentales du socialisme. » Entre-temps, il a lancé Douyin, une application mobile permettant de mettre en ligne de courtes vidéos dans les limites de ce qu'autorisent les critères officiels. La rapidité et la puissance des algorithmes sont telles que leurs cibles s'élargissent sans cesse en fonction des consultations des utilisateurs.

En 2017 apparaît une version internationale inaccessible en Chine, TikTok, hébergée sur des serveurs différents et libre de ses contenus. C'est en tout cas le principe, mais les références à la répression infligée aux Ouïghours seront mystérieusement et systématiquement effacées... Pour rassurer investisseurs et utilisateurs étrangers, le groupe affirme que les données internationales sont stockées aux États-Unis et à Singapour, sans accès possible pour les autorités chinoises. En novembre 2022, dans un élan de sincérité imposé par les réglementations RGPD européennes, une responsable reconnaît que des personnels chinois ont bien accès aux données des utilisateurs européens pour mieux contrôler les algorithmes[9].

Un mois plus tard, scandale : le groupe admet que quatre membres de son « service d'audit interne » – deux en Chine et deux aux États-Unis – ont exploré les comptes de plusieurs abonnés, dont une journaliste du *Financial Times* et un chroniqueur de BuzzFeed, pour tenter de découvrir l'origine de certaines fuites. Le quotidien britannique avait révélé que des dizaines de salariés basés à Londres avaient claqué la porte, refusant de continuer à travailler douze heures par jour et exigeant le respect du congé maternité.

Comptant cent mille employés – plus que Facebook –, le groupe a su attirer les meilleurs spécialistes de l'intelligence artificielle et des semi-conducteurs, leur assurant des salaires parfois supérieurs à ceux de la Silicon Valley. Un des directeurs du groupe est américain. Rien qui empêche une étroite proximité avec le Parti : outre un comité interne à l'entreprise, des partenariats stratégiques ont été accordés à des firmes de Pékin et de Shanghai soutenues par le PCC. À Hong Kong en juin 2020, le jour même où la loi chinoise sur la sécurité nationale est entrée en vigueur, seul Douyin, et non TikTok, est resté accessible.

En conformité avec les mesures imposées par les autorités pour encadrer le culte des célébrités qui enflamment les jeunes générations, ByteDance installe désormais dans ses applications des influenceurs virtuels, des avatars, plus faciles à contrôler. *Le Quotidien du peuple* a beau s'inquiéter des frontières de plus en plus floues entre fiction et réalité et de la multiplication des *deepfakes*, le groupe développe massivement les multiples applications de l'intelligence artificielle. Quand il s'agit des évocations avantageuses du président russe, très populaire sur le réseau chinois, affectueusement appelé « tonton Poutine » et décrit tel un Prince charmant viril, le régime n'y trouve rien à redire. À l'inverse, côté occidental, TikTok rend compte, de façon contrastée, de la guerre en Ukraine tout en diffusant des vidéos de propagande où le groupe Wagner vante les atrocités commises par ses mercenaires.

D'un usage facile et addictif, l'application est si puissante qu'elle est aussi un outil politique, désormais utilisé pour leur communication par beaucoup de dirigeants. Emmanuel Macron dispose d'un compte officiel diffusant des vidéos formatées pour toucher les plus jeunes. L'application fait partie de la panoplie déployée par la présidence ukrainienne comme par le secrétaire général des Nations unies. Quand les relations bilatérales se tendent entre Pékin et New Delhi, l'interdiction est décrétée en Inde. Le Parlement britannique ferme son compte par crainte de piratage.

Aux États-Unis, TikTok a conquis les deux tiers du public adolescent – un lanceur d'alertes américain l'a comparé à une drogue dure, un « fentanyl numérique » aux contenus la plupart du temps indigents. Mais son développement ne se fait pas sans heurts. En 2019, la Federal Trade Commission infligeait à la plateforme une amende record de 5,7 millions de dollars pour collecte illégale de données d'enfants de moins de 13 ans. En 2020, l'administration Trump l'accusait ouvertement d'espionnage et de vol de données au profit du Parti communiste chinois, exigeant que ByteDance vende ses opérations américaines. S'ensuivit un long procès, les avocats du groupe affirmant que les données américaines étaient isolées sur des serveurs différents. La vente n'a pas eu lieu, un accord étant intervenu avec le Comité américain pour l'investissement étranger à condition que certaines procédures soient modifiées. En 2022, forte d'un consensus bipartisan sur la question, l'administration Biden durcit le ton face à la Chine. Mobilisant une armée de lobbyistes et d'avocats pour plaider son indépendance par rapport à Pékin, ByteDance fait appel à la société américaine Oracle pour améliorer dans le Cloud la protection des données des utilisateurs américains. Mais le groupe subit les salves de plusieurs États aux mains du parti républicain – la sécurité informatique n'est pas une compétence fédérale aux États-Unis. Le directeur du FBI va dans le même sens, affirmant au Congrès en décembre 2022 que « la société mère est supervisée par le gouvernement chinois », ce qui lui permet de « contrôler le système de recommandation, de manipuler les contenus » tout en collectant les données nécessaires à « des opérations d'espionnage traditionnelles et d'autres activités cyber-répréhensibles[10] ». Le Sénat vote à l'unanimité l'interdiction pour les employés fédéraux de télécharger l'application sur leur téléphone de fonction. ByteDance change alors de stratégie et investit 1,5 milliard dollars dans le projet Texas : la création d'une filiale entièrement américaine, U. S. Data Security, regroupant les activités les plus sensibles – modération, algorithmes, données – sous le contrôle direct d'Oracle. Encore lui faut-il obtenir l'accord du Comité pour les investissements étrangers.

En Europe et en France, où la CNIL a lancé deux enquêtes sur la protection des données, les équipes de ByteDance redoublent d'efforts pour convaincre les autorités de l'innocuité d'un outil que les industries culturelles considèrent désormais comme indispensable. Musiciens, acteurs, éditeurs, libraires, influenceurs – autant de lancements ou de repêchages miraculeux de productions diverses obtenus grâce à l'onde de choc des algorithmes quand ils élargissent leurs cibles. Plusieurs secteurs sont impactés. À Paris, lors d'une session consacrée aux nouvelles pratiques du journalisme, Sciences Po a récemment recommandé son utilisation par les médias[11]. Selon l'IFOP, 20 millions d'habitués y passent en moyenne une heure et demi par jour – l'étude publiée en janvier 2023 avec les fondations Reboot et Jean-Jaurès démontre l'impact de la mésinformation chez les jeunes et leur inclinaison à préférer les théories complotistes et irrationnelles aux faits et aux données scientifiques[12]. ByteDance ne publie pas son chiffre d'affaires en France ou le nombre d'utilisateurs par mois – l'opacité reste de mise – mais le phénomène générationnel parait irréversible. TikTok est entré dans les mœurs[13].

Zhang Yiming, son fondateur, lui, a lâché prise. Plus sensible aux intempéries que son collègue de Tencent, et sans doute moins protégé par le régime, il était devenu la cible des nationalistes sur les réseaux sociaux chinois. Des internautes l'ont accusé de « se soumettre, s'agenouiller, concéder la défaite » face aux États-Unis. Il serait « un Américain par l'esprit », qui s'oppose à « la nécessaire sinisation de la mondialisation ». On a exhumé des propos vieux de dix ans où il doutait publiquement d'un effondrement de l'économie américaine au profit d'une superpuissance chinoise. « Assez de ces capitalistes chinois qui une fois fortune faite s'imaginent pouvoir quitter la Chine ! »

Pour faire meilleure figure, Zhang Yiming a accordé une donation massive à sa ville natale de Longyan pour établir « un Fonds de développement de l'éducation ». Mais la lassitude ou les pressions l'emportent. En novembre 2021, à 38 ans, il annonce sa démission du poste de pdg du groupe. Il a découvert, explique le communiqué, qu'« il n'est pas très sociable, et préfère les activités solitaires comme être en ligne, écouter de la musique et contempler ce qui pourrait être possible... » Il devrait se consacrer aux projets à long terme. Son associé Liang Rubo a pris la main.

Zhang détient environ 22 % du capital et reste au conseil d'administration – en 2022 sa fortune personnelle, la deuxième du pays, a atteint 50 milliards de dollars selon *Forbes*.

ByteDance, mais aussi Alibaba, Tencent et d'autres groupes du secteur n'ont plus les coudées franches : les agences de l'État se sont arrogé des actions, des « golden shares », au capital de certaines de leurs filiales. Les géants sont désormais sous contrôle.

7

Sous tutelle

Plusieurs des sagas individuelles qui émaillent l'histoire du numérique chinois illustrent, en une seule génération, l'émergence d'une nouvelle élite prise à contre-courant par le durcissement du régime. Certains en prendront leur parti, portés par les vents favorables de l'innovation technologique, d'autres chercheront une porte de sortie et choisiront le large.

Wang Xing, le patron de Meituan, né en 1979 dans le Fujian, est considéré comme un *fuerdai*, un riche de deuxième génération. Il vient d'une famille d'intellectuels – son grand-père paternel, directeur d'école et scénariste d'opéra, se suicide pendant la Révolution culturelle. Les années d'« ouverture » de Deng Xiaoping permettent à son père de faire fortune dans le ciment. Sa sœur et lui, diplômés de la prestigieuse université Tsinghua de Pékin, partent aux États-Unis. Elle y reste et devient ingénieure à la Silicon Valley. Lui s'inscrit à l'université du Delaware pour obtenir un doctorat en génie informatique, abandonne en cours de route, rentre en Chine et lance avec deux amis plusieurs projets copiés des innovations américaines. Il commence par imiter à l'identique

Facebook, en visant les étudiants, puis Twitter avec Fanfou, fermé par la censure au moment des émeutes ouïghoures dans le Xinjiang. Sa femme, rencontrée à l'université, s'occupe du marketing. À l'époque, des centaines de start-up se lancent à tout-va, tentant de suivre le rythme et le succès des technologies américaines. Obligés de casser les prix face à la concurrence, ils y brûlent leurs premiers investissements[1]. En 2010, grâce au financement de Sequoia Capital, une société de capital-risque californienne, bientôt abondé par General Atlantic et Alibaba, Wang Xing crée Meituan – « Joli Groupe » –, une plateforme spécialisée dans la vente en ligne sur le modèle de Groupon. Cette fois, il l'adapte patiemment aux habitudes des consommateurs chinois et complète progressivement son offre avec un système de billetterie, de réservation d'hôtel, de repas à emporter, de taxi, de vélo à louer... Le succès est immédiat et exponentiel : le marché intérieur s'est éveillé à la consommation. En 2015, Meituan absorbe son rival Dianping. En dix ans, le groupe compte plus de trois cent cinquante millions d'utilisateurs, et Wang Xing est à la tête de la soixantième fortune mondiale, selon le magazine américain *Forbes*. Grâce à la pandémie et à l'explosion des besoins en livraisons en tous genres, elle augmente encore d'un tiers pour atteindre 34 milliards de dollars – treize autres dirigeants de Meituan deviennent milliardaires à la même époque.

En 2022, le régime impose de nouvelles réglementations, et Wang Xin n'hésite pas à procéder aux ajustements nécessaires. En mars, il apparaît en bonne place sur la liste des philanthropes les plus généreux du pays. En novembre, il réduit sa participation au capital de son groupe et attribue une bonne part des 2,4 milliards d'euros ainsi récoltés à une fondation qui porte son nom : elle se consacre à « la promotion d'entreprises de bien-être public, l'éducation et la recherche scientifique ».

Son goût pour la poésie classique lui a néanmoins coûté cher. En mai 2021, au plus fort de l'offensive réglementaire contre les entreprises de la tech, Wang Xin a posté sur un site les vingt-huit caractères d'un poème célèbre, écrit il y a plus de mille cent ans, moquant un empereur qui brûlait les livres pour punir les dissidents avant d'être renversé par des analphabètes. Aussitôt les réseaux sociaux se sont enflammés : s'agit-il d'une critique du régime et de l'Empereur actuels ? Meituan plonge en Bourse, 26 milliards de dollars s'évaporent en deux jours. Rappelé à plus de discrétion par les autorités, le patron explique dans un communiqué embarrassé qu'il faisait allusion à ses concurrents...

Selon Peter Frankopan, qui enseigne l'histoire à l'université d'Oxford, « toute comparaison avec le système impérial qui a failli entre en infraction avec la doctrine marxiste-léniniste et la ligne du Parti chinois. Il peut y avoir plus de tolérance quand le régime y trouve son compte. Ainsi [a-t-il] remarqué que beaucoup d'argent est consacré dans les universités chinoises aux recherches sur le rôle du changement climatique dans la chute de certaines dynasties. Vu le dérèglement récent des températures en Chine, il n'est pas absurde de s'interroger sur les conséquences à en attendre quant à la stabilité sociale[2] ».

Cheng Wei, le patron de Didi, l'Uber chinois, était très proche de son collègue de Meituan jusqu'à ce que ce dernier, sans l'en avertir, lance une compagnie frontalement concurrente de la sienne. Un peu plus jeune – il est né en 1983 dans le Jiangxi d'un père fonctionnaire et d'une mère professeure de mathématiques –, il est diplômé de gestion administrative. Il commence par s'occuper d'un salon de massage à Shanghai avant de travailler huit ans à Alibaba, grimpant les échelons au sein de la filiale de paiements en ligne Alipay. En 2012, pris dans un blizzard à Pékin sans trouver de taxi, il a l'idée de créer une application de réservation de voiture avec chauffeur qui rencontre immédiatement le succès et attire les investisseurs – Uber, la compagnie américaine, a été créée trois ans plus tôt...

Cheng suit scrupuleusement la ligne du Parti communiste. En 2021, il est mis à l'honneur de la Conférence nationale sur la réduction de la pauvreté « pour contributions exceptionnelles ». Il va néanmoins subir les foudres du régime quand il voudra lever des fonds au Nasdaq à New York. Didi doit se soumettre à l'autorité chinoise chargée de la cybersécurité et de la protection des utilisateurs. L'État s'approprie 1 % des parts et son représentant siège désormais au conseil d'administration.

À partir du printemps 2020, plusieurs grands patrons du numérique chinois semblent frappés de la même crise existentielle et démissionnent de leurs fonctions pour se consacrer aux bonnes œuvres.

Huang Zheng, dit Colin Huang, 42 ans, quitte la direction et la présidence du conseil d'administration de Pindudodo, la plateforme de commerce en ligne qu'il a fondée cinq ans plus tôt et qui dépasse Alibaba avec près de sept cent quatre-vingt-dix millions d'utilisateurs. Passé par l'université américaine du Wisconsin, il avait travaillé pour Google, dont il dirigeait la filiale chinoise, et créé plusieurs start-up. À la tête de la vingt et unième fortune mondiale avec 55,3 milliards de dollars selon *Forbes*, le voilà qui crée le fonds caritatif Fanxing, dédié à la recherche scientifique appliquée à l'alimentation et aux sciences de la vie. Le patron de Kuaishou, un concurrent de ByteDance, annonce à son tour son départ, tout comme celui de JD.com. Ces entrepreneurs ont certes fait fortune, mais pour beaucoup la passion des affaires, la fierté de contribuer au renforcement de leur pays dans la compétition mondiale demeurent. Quand le régime surveille de trop près le secteur technologique, ils s'intéressent à autre chose. Ding Lei, le fondateur de NetEase, une société florissante de jeux vidéo en ligne, cotée au Nasdaq et à Hong Kong, a racheté à Elon Musk pour 29 millions de dollars une propriété de 1 500 mètres carrés à Los Angeles. Il s'est aussi lancé dans l'élevage de porcs à grande échelle : connaissant le goût de ses compatriotes pour la viande de cochon, il veut les protéger des colorants cancérigènes. « Gagner de l'argent, dit-il, c'est juste une affaire d'occasion... À partir d'un moment, quand on gagne beaucoup d'argent, il n'y a plus vraiment d'amélioration de la qualité de vie. Pour l'entrepreneuriat ou la recherche, l'argent est très important. Mais en ce qui concerne la vie personnelle, je pense que ça ne change pas grand-chose[3]... »

Pourquoi un tel repli en semi-retraite de la part de ces entrepreneurs en pleine force de l'âge ? L'époque pousse à la prudence. Plus question d'exhiber ses richesses ou de se livrer à des opérations spectaculaires. Sur les réseaux sociaux, qu'ils ont tant contribué à développer, la propagande du régime exalte « la prospérité commune » et encourage la colère populaire à s'exercer contre les milliardaires. Les voilà pris en tenaille sans vraie marge de manœuvre.

« L'économie n'est plus la priorité du régime, analyse Alice Ekman à la veille du congrès d'octobre 2022. Le Parti estime que le niveau de développement acquis est suffisant, et que continuer à copier le système capitaliste "néolibéral" sous prétexte d'améliorer les performances met en danger la cohésion sociale et surtout sa propre hégémonie. En son sein, le courant libéral a disparu. Pour Xi, qui suit à la lettre la théorie marxiste, le détour par le capitalisme est terminé : les emprunts nécessaires ont été intégrés. La Chine n'a pas encore atteint son idéal, mais elle a suffisamment imité l'Occident, attiré les talents et les capitaux, et formé à l'étranger des milliers de jeunes.

Conformément au principe des “quatre confiances en soi” énoncé en 2016 – confiance dans la voie, la théorie, le régime et la culture –, le temps est venu de passer à la voie chinoise du développement économique. La question de la légitimité du Parti, qui est génétique, s'est déplacée vers d'autres concepts. Ce qui compte dorénavant, ce sont la sécurité et le nationalisme[4]. »

« Puisqu'il s'agit d'entreprises privées, poursuit François Chimits, le danger est évident : c'est l'effondrement des investissements, une sorte de rejet, par portefeuilles interposés, du nouveau contrat social que veut imposer le régime. Le rapport à la richesse change. On le voit bien dans les textes publiés à l'occasion du XXe congrès : du nationalisme et de la renaissance de la nation chinoise exaltés lors du congrès précédent, en 2017, le Parti insiste désormais sur “la sincérité et la fermeté dans la poursuite de l'idéologie marxiste au XXe siècle”. Sans que les contours en soient bien définis, on comprend que l'orientation générale va contre tout assouplissement[5]. »

En 2022, la richesse des cent plus grandes fortunes chinoises a baissé d'un tiers, selon le magazine *Forbes* qui en fait le compte depuis plus de vingt ans. Jack Ma a perdu plus de 25 milliards de dollars, Pony Ma, près de 30. Voilà le monde des affaires pris de « déprime politique » à en croire les témoignages anonymes de dirigeants déboussolés[6]. Pour Daniel Rosen, le fondateur et le patron à New York de Rhodium, une société d'analyse et de conseil aux investisseurs, l'explication est claire : « Au nom de l'idéologie, Xi pratique à sa façon la pensée magique, niant les réalités de la compétitivité et de la psychologie humaine. Comment imaginer que ces entreprises de la tech restent aussi dynamiques à partir du moment où le profit n'est plus le facteur décisif et où de nouvelles règles de comportement paralysent l'initiative ? Les dirigeants sont terrifiés à l'idée de ne jamais en faire assez[7]... »

Cette génération d'entrepreneurs de la tech, des ingénieurs pour la plupart, admiratifs des méthodes de leurs concurrents américains et souvent formés par eux, biberonnée aux notions de profit, d'efficacité, d'agressivité commerciale, de rationalité économique, ne comprennent plus leur monde. Ils craignent la mise en place d'un impôt sur la fortune. Ils remarquent qu'en octobre 2022, lors de son discours d'ouverture du XXe congrès, Xi Jinping a utilisé cinquante-deux fois le terme *sécurité*, quinze fois le mot *marxisme* et n'a mentionné les marchés que trois fois. S'il est question d'encourager l'entrepreneuriat, seules les unités petites et moyennes sont évoquées – rien sur les géants qui ont dynamisé l'ensemble de l'économie. Parmi les 2 296 délégués réunis à Pékin, on ne comptait que dix-huit entrepreneurs. Le Parti n'en veut plus dans ses rangs. Et le Parti tient tout.

Jamais Singapour n'a autant parlé mandarin. La cité-État, qui accorde ses permis de résidence permanente avec parcimonie, est submergée de demandes de la part de riches Chinois cherchant à mettre à l'abri famille et fortune. Il faut désormais investir 10 millions de dollars au moins pour ouvrir un *family office*, un bureau de gestion du patrimoine, et bénéficier du statut fiscal particulièrement favorable qui ajoute depuis longtemps aux charmes de l'île. Maintenant que Hong Kong est asservi à Pékin en vertu de la loi sur la sécurité nationale de l'été 2020, nombre d'Occidentaux expatriés ont fait le même choix. La règle de droit, la stabilité sociale, la qualité de l'éducation et des services de santé tout en restant dans le monde chinois : autant d'atouts incomparables aux yeux de l'élite des affaires qui en a les moyens. Les grandes fortunes chinoises ont pour la plupart préparé de longue date leur sortie de secours, mais les officines spécialisées dans de telles opérations n'ont jamais autant prospéré. Le concessionnaire de Rolls-Royce n'a jamais enregistré une liste d'attente aussi longue. Encore faut-il pouvoir quitter la mère patrie, disposer d'un passeport – désormais délivré au compte-gouttes – et passer les contrôles aux aéroports sans qu'il soit déchiré par un garde narquois.

La « soft tech », qui a fait la fortune des plateformes de service et de leurs fondateurs, n'a plus les faveurs du régime. Comme le note Thomas Gomart, « les entreprises sont à la fois des instruments et des facilitateurs » qui doivent agir en fonction des objectifs définis par le régime[8]. D'autres acteurs montent alors en première ligne, démontrant une même agilité, favorisée par l'accélération continue des technologies. Ainsi le marché de la voiture et des batteries électriques réalise-t-il des performances éclatantes, installant durablement la Chine parmi les leaders mondiaux.

Au Mondial de l'auto, à Paris, comme à Berlin, NIO a fait sensation à l'automne 2022 en affichant ses modèles et ses ambitions pour conquérir le marché européen avant d'aborder l'américain. Basée à Shanghai, cotée à New York dès 2018 puis à Hong Kong, la société a connu un parcours chaotique, mais son envol est spectaculaire : en 2020, le cours a grimpé de 1 000 %. Plusieurs autres groupes chinois – Lenovo, Baidu, Tencent et Hillhouse – participent au capital aux côtés de l'américain Sequoia.

Le fondateur, Li Bin, né en 1974, a été l'un de ces enfants « laissés derrière » – ceux que les parents, ouvriers migrants, ont abandonné à la garde des grands-parents, car faisant partie de ces paysans pauvres, souvent illettrés, obligés d'aller de ville en ville gagner leur vie dans le bâtiment. Leur permis rural, le *hukou*, n'accorde ni résidence permanente, ni sécurité sociale, ni école gratuite. Originaire des monts Dabie, dans le Anhui, Li est élevé par un grand-père marchand de bœufs, qui lui apprend les rudiments du commerce. Il réussit à intégrer un lycée, puis, tour de force, l'université de Pékin, où il s'inscrit en sociologie. Membre d'une association étudiante parrainée par le Parti, évincé d'un poste de direction à cause de ses origines sociales, affirme-t-il, il décide par dépit de se faire entrepreneur. Il va devenir le premier au monde à fonder trois groupes cotés en Bourse sur des marchés différents.

À la fin des années 1990, encore étudiant, il crée une société d'enregistrement de noms de domaines à l'étranger, Antarctic Technology. Il rejoint ensuite une société de commerce électronique qui sous le nom de Dangdang fait l'objet d'une bagarre homérique entre le fondateur et son épouse, au point d'inspirer un livre à succès, l'une des rares comédies de mœurs à passer la censure. Li Bin les quitte et lance à 26 ans, avec des fonds publics, une autre entreprise, BitAuto, le premier site chinois d'achat et de vente de voitures. Coté au Nasdaq en 2010, il est vendu à Tencent dix ans plus tard. Une filiale reste cotée à Hong Kong. Parallèlement, Li Bin a fondé NIO – il y gagne son surnom d'« Elon Musk chinois » et sa rubrique dans la presse people en épousant une présentatrice de télévision.

L'un des géants de la tech, Baidu, qui a créé le moteur de recherche le plus populaire du pays, se lance à son tour dans la production de voitures électriques autonomes en association avec le constructeur Geely. Robin Li, le patron et cofondateur du rival de Google – celui-ci ayant été rapidement exclu du marché chinois –, soutenu par le régime dès ses débuts, avait mis au point un système de messagerie avant même son concurrent américain. Il entend désormais se positionner sur différentes innovations liées à l'intelligence artificielle. Dès mars 2023, il doit lancer Ernie Bot, l'équivalent chinois de ChatGPT, le nouvel « agent conversationnel » développé par l'américain OpenAI capable de répondre à des questions complexes et de générer en plusieurs langues les contenus les plus pointus.

Autre groupe automobile pariant sur les batteries électriques dont il est aussi l'un des plus importants fabricants, BYD, dont Warren Buffet, le légendaire homme d'affaires américain, est actionnaire. BYD est aujourd'hui leader avec CATL du secteur où la suprématie chinoise est désormais acquise : les deux entreprises ont conquis en 2022 50 % du marché mondial des batteries électriques, devant leurs concurrents sud-coréens et japonais. Fournisseurs privilégiés de Volkswagen et de Volvo, elles ont bénéficié, malgré un marché automobile en baisse, d'un accès moins onéreux aux matières premières nécessaires comme le lithium et le nickel. CATL produit aussi ses batteries en Allemagne et bientôt en Hongrie[9].

À l'échelle de l'économie chinoise, le climat général s'est assombri. De la prospérité commune au maintien de la politique zéro Covid, la chape de plomb idéologique s'alourdit en même temps que la croissance ralentit. De graves incidents éclatent dans plusieurs sites industriels et surtout à Zhengzhou, capitale de la province du Henan, au centre du pays. C'est là, sur près de 6 millions de mètres carrés, que le groupe taïwanais Foxconn emploie deux cent mille personnes pour produire le nouvel iPhone 14 d'Apple. En novembre 2022, contraints de rester sur le site, sans contact avec l'extérieur, à la merci des autorités de santé qui ont mis en place des cordons sanitaires, soumis à des tests PCR et des contrôles incessants, les salariés se révoltent. Des images circulent où on les voit fuir par milliers, des migrants pour la plupart, avec leur baluchon ou leur valise de toile. Déjà en mai 2022, à Shanghai, sur le campus de Quanta, qui fabrique des composants électroniques pour Tesla, des heurts avaient eu lieu entre des ouvriers qui voulaient s'échapper et les gardes en hazmat, ces combinaisons qui leur valent le surnom de « grands blancs ». La capitale économique du pays a subi au printemps, pendant deux mois, un confinement particulièrement sévère – des gens sont morts de faim ou d'un manque de soins, faute d'accès aux premiers secours. Dans tout le pays, des villes entières ont été immobilisées, des quartiers bouclés, des immeubles confinés dès que surgissaient un foyer de contamination, ou parfois simplement quelques cas contacts. À l'automne 2022, une centaine de municipalités sont ainsi concernées, les autorités locales rivalisant de zèle faute de coordination efficace[10]. La production industrielle baisse, le commerce souffre, des milliers de petites entreprises doivent mettre la clé sous la porte. La croissance fléchit, comme la demande intérieure – toujours tirée par les exportations, l'économie chinoise n'est plus la plus dynamique d'Asie. Les marchés financiers frémissent à la moindre rumeur d'un assouplissement possible. La situation pèse sur les échanges et sur l'économe mondiale, menacée de récession.

La génération qui risque de faire les frais de ce tournant majeur dans le développement économique du pays est paradoxalement la plus nombreuse et la mieux éduquée de son histoire. Selon les chiffres officiels, 20 % des jeunes urbains entre 18 et 24 ans sont au chômage, sans perspective à la mesure de leur formation et de leurs attentes salariales. Le secteur de l'éducation, qui en 2020 employait 17 % des jeunes diplômés, a été balayé. Les géants de la tech, dont la valeur boursière a fondu, dégraissent leurs effectifs par milliers. À eux seuls, Alibaba et Tencent ont en quatre mois licencié quatorze mille personnes. Les salaires ont baissé, les bonus ne sont pas payés. Restent les entreprises d'État, à nouveau affichées en première ligne. Les étudiants qui obtiennent leur diplôme en « idéologie et politique marxistes » – trois ans pour un master – ont plus de chances de trouver un emploi que les aspirants managers. Des entreprises privées embauchent ces experts, qui maîtrisent la langue du Parti, pour éviter des erreurs de comportement et faciliter leurs rapports avec les administrations[11].

Un capitalisme d'État qui veille à redistribuer la richesse plutôt qu'une ploutocratie vivant en marge d'une société dont elle néglige les préoccupations : l'Empereur a tout à y gagner en matière de popularité auprès du plus grand nombre. C'est aussi resserrer son contrôle sur l'appareil productif, et tenter de le réorienter en fonction des priorités qu'il estime nécessaires à la grandeur nationale. Encore faut-il venir à bout des « rhinocéros gris », ces monstres qui grossissent sans qu'on y prenne garde et qui menacent de tout fracasser quand ils s'écroulent. Le plus massif et le plus menaçant s'appelle Evergrande.

8

Les « rhinocéros gris »

Le patron d'Evergrande avait le goût des demeures qui, selon lui, convenaient à son éclatante réussite dans les affaires. Plus dure fut la chute – et avec elle, l'effondrement d'un pilier essentiel de l'économie chinoise.

À Londres, en janvier 2020, juste avant l'irruption de la pandémie, un hôtel particulier de 5 782 mètres carrés et quarante-cinq pièces avec vue sur Hyde Park a été vendu plus de 210 millions d'euros par une famille princière saoudienne. Derrière l'opération immobilière, la plus chère jamais enregistrée sur le marché londonien, un montage financier complexe impliquant une société basée à Curaçao et une autre située aux îles Vierges – celle-ci appartient à 75 % à une certaine Ding Yumei, l'épouse de Xu Jiayin. Lui n'est autre que le président d'Evergrande, le deuxième groupe immobilier chinois, et secrétaire de la cellule du Parti communiste dans son entreprise. La propriété londonienne a été mise en vente en octobre 2022.

À Hong Kong, un autre projet était surnommé « Versailles ». Sur un immense terrain appartenant à Evergrande, le patron avait l'intention de se faire construire une nouvelle résidence inspirée du château de Louis XIV. En 2022, Oaktree Capital, une société de capital-risque américaine, l'a confisqué, ainsi qu'un autre projet à Shanghai, en règlement de ses créances. Xu a dû se séparer également de sa somptueuse maison sur le pic Victoria, reprise par un établissement public, la China Construction Bank. À Shenzhen une maison de 980 mètres carrés et un manoir de 753 mètres carrés à Guangzhou, l'ancienne Canton, enregistrés à son nom, viennent d'être vendus, ainsi que ses deux jets privés. Le siège d'Evergrande à Hong Kong a été saisi par la China Citic Bank International, filiale d'une autre banque publique. D'autres immeubles et terrains dans toute la Chine sont en cours de cession, dont un terrain à Shenzhen pour 1 milliard de dollars. Le plan de restructuration prévoit que le patron du groupe injecte 2 milliards de dollars de sa fortune personnelle pour contribuer au sauvetage.

Xu Jiayin n'est pas le seul à être acculé. Le deuxième actionnaire d'Evergrande, l'ancien président du Shandong Hi-Speed Group, un conglomérat public d'infrastructures, est sous le coup d'une enquête policière, soupçonné de prévarication et de graves violations de la loi. Le groupe subit de plein fouet les foudres des autorités. Au cours de l'année 2022, le directeur général d'Evergrande et le directeur financier sont licenciés pour faute grave ; le nombre de cadres employés au siège et dans les directions régionales est réduit des deux tiers.

C'en est fini de la folie des grandeurs.

La faillite menace. Le groupe que Xu Jiayin a fondé en 1996 et développé sans retenue au rythme fou de l'urbanisation de la Chine est aujourd'hui plombé par quelque 300 milliards de dollars de dettes – un niveau jamais atteint par une entreprise chinoise, qui rappelle le désastre américain des années 2006-2007 et le naufrage de la banque Lehmann Brothers. Loin de la stratégie à la Soho du couple Pan Shiyi - Zhang Xin, qui avaient parié sur le secteur du prestige en se limitant à Pékin et à Shanghai, Xu et son groupe sont devenus la caricature de l'aventure immobilière chinoise, le symbole de la fuite en avant d'un secteur vital pour l'économie : l'immobilier représente plus de 25 % du PIB de la deuxième puissance mondiale. Un milliardaire chinois sur deux lui doit sa fortune.

Depuis que le régime s'est ouvert à la propriété privée, l'acquisition d'un appartement demeure la première ambition de toute famille chinoise. Elle reste indispensable pour marier un fils. Neuf habitants sur dix sont propriétaires – en quinze ans, la superficie moyenne du logement est passée de 16 à 40 mètres carrés. Encouragées à accélérer l'urbanisation et à attirer la population rurale peu qualifiée vers les emplois de la construction, les autorités locales se sont financées en vendant des terrains à tour de bras et en encaissant des recettes fiscales. 40 % au moins de leurs revenus vont en dépendre, donc le financement de l'essentiel des services publics, tout comme l'appréciation de leurs performances par le pouvoir central. Le niveau de corruption y est pratiquement indexé puisque les contrats sont à la merci des réseaux, des *guanxi*, mêlant responsables du Parti et entrepreneurs plus ou moins établis. Ces derniers peuvent emprunter auprès des banques quand ils sont assez gros, ou directement auprès des particuliers auxquels ils promettent des rendements de 10 à 15 %. Les logements sont vendus avant même d'être construits, ce qui permet aux promoteurs de payer leurs fournisseurs sans véritable supervision.

Pour beaucoup de Chinois, échaudés par plusieurs scandales qui ont ébranlé le secteur financier, l'achat d'un bien immobilier est le meilleur placement de leur épargne puisque le marché ne cesse de monter et que les finances locales bénéficient de la garantie implicite de l'État. « Honnêtement, le système a profité à tout le monde, explique à New York une jeune trentenaire chinoise qui y travaille et préfère rester anonyme. Les gens de ma génération, avec de bonnes études et un niveau de revenu que leurs parents n'avaient jamais osé imaginer, ont pu acquérir un et parfois plusieurs appartements – un bon placement puisqu'on se disait que Pékin ne laisserait jamais tomber les responsables. En Chine, on n'est pas automatiquement propriétaire à vie, on est plus proche du système anglais. Mais c'est un matelas rassurant, et un gage de statut social important[1]. »

À l'échelle du pays, la spéculation s'emballe – les prix des appartements dans les grandes villes deviendront bientôt hors d'atteinte pour un salaire moyen, tandis que des tours vides d'habitants enlaidissent par centaines les alentours des villes, envahis de végétation. En trois ans, de 2011 à 2013, quand Pékin a procédé à un plan de relance massif pour contrer l'effet retard de la crise des subprimes, on y a coulé plus de béton qu'aux États-Unis pendant tout le XXe siècle[2].

Tant que la croissance à deux chiffres se poursuit, le système fonctionne, pris dans un engrenage qu'aucun des protagonistes n'a intérêt à rompre. Quand elle fléchit, comme en 2020, sous l'effet conjugué de la pandémie et du ralentissement économique mondial, la catastrophe menace. Les premières victimes sont les Chinois au revenu modeste ayant placé leurs économies dans l'achat d'un appartement qui ne sera jamais construit. Les promoteurs n'honorent plus leurs commandes : du ciment et de l'aluminium à l'ameublement, des pans entiers d'activité sont frappés. Les ouvriers ne sont plus payés. Les ressources des autorités locales s'assèchent, compromettant le remboursement de leurs dettes et l'engagement de nouveaux travaux d'infrastructures. Le système financier tout entier est menacé. C'est l'agonie d'un mode de développement qui a sorti des millions de Chinois de la misère, permis l'émergence d'une nombreuse classe moyenne, enrichi à l'envi une centaine de promoteurs, et qui aujourd'hui s'avère à bout de souffle.

Xu Jiayin, qui contrôle encore près de 52 % du capital d'Evergrande, était en 2017 et 2019, avec 47 milliards de dollars, le plus riche d'entre eux. Il accumulait les propriétés, parcourant le monde dans ses jets privés, déçu de ne pas trouver à Monte-Carlo un yacht suffisamment grand pour rivaliser avec ceux des oligarques russes, affichant sans vergogne le luxe le plus débridé, des boucles de ceinture en or massif qui lui valurent son surnom de « Frère ceinture » sur les réseaux sociaux aux clubs de football et aux parties de poker aux enchères illimitées avec ses amis magnats de Hong Kong.

Né en 1958 dans une famille de petits paysans du Henan en pleine famine du Grand Bond en avant, il restera malnutri pendant des années. Son père, un militaire à la retraite qui a participé à la guerre contre le Japon, est manœuvre dans un entrepôt ; sa mère est morte très jeune, faute de soins, trop coûteux pour eux. Élevé par une grand-mère brutale qui survit en vendant le fameux vinaigre de la région, il se livre à de petits trafics avant de réussir son entrée à l'Institut du fer et de l'acier de Wuhan. Boursier, il touche à peine plus d'un euro par mois et améliore l'ordinaire en vendant en sous-main des produits de sa région. Diplômé, il va travailler dix ans dans une aciérie et finir par en devenir le directeur, organisant la réalisation d'un documentaire à sa gloire diffusé plusieurs fois sur les chaînes locales. Il trafique aussi les déchets de dioxyde de fer de son atelier – il a beau en partager les recettes avec les ouvriers, le vol d'une propriété de l'État pourrait lui coûter cher. Quand en 1992 Deng Xiaoping proclame à Shenzhen « l'ère de l'ouverture », Xu s'y précipite. Il dort dans un couloir d'immeuble avant de se faire embaucher par une société commerciale qu'il associe à son ancienne entreprise. Mais tout va trop lentement pour lui. Observant les balbutiements du secteur immobilier, il déménage à Guangzhou et met au point la stratégie qui fera sa fortune : « Acquisition de terrain dans l'année, rapport de construction dans l'année, construction commencée dans l'année, achevée dans l'année, vendue dans l'année, engouement dans l'année, emménagement dans l'année, profit dans l'année. » En 1996 il fonde sa propre entreprise, Hengda, littéralement « Grand pour toujours » : Evergrande est né.

À l'époque, la terre appartient toujours à l'État et les banques restent sous son contrôle. Xu agrandit soigneusement son *guanxi*, son réseau de relations indispensables à l'épanouissement de ses affaires. Il rachète aux autorités locales les droits d'exploitation du terrain d'une ancienne usine de pesticides agricoles et se lance dans la construction d'appartements, aussitôt pris d'assaut par les nouveaux citadins découvrant la propriété privée. Il change son nom pour un patronyme cantonais – Hui Ka Yan –, et se lie à Hong Kong avec plusieurs barons locaux de l'immobilier qui participeront à toutes les étapes de son ascension. Il cultive aussi ses relations à Pékin : le frère du Premier ministre, Wen Jiabao, en poste de 2003 à 2013, le frère de Zeng Qinhong, vice-président jusqu'en 2008, seront étroitement associés au développement d'Evergrande et au ruissellement de ses profits, sans oublier les multiples officiels sensibles aux mêmes arguments aux niveaux local et régional un peu partout dans le pays. En 2006, le groupe s'ouvre aux capitaux étrangers qui se pressent à ses portes : Deutsche Bank, Merryl Lynch, Temasek Holdings de Singapour, suivis par Crédit suisse et d'autres, souscrivent à hauteur d'un tiers au capital d'Evergrande Real Estates. En 2009, l'entrée à la Bourse de Hong Kong est un triomphe.

Xu Jiayin donne désormais libre cours à son goût du luxe et à ses multiples passions : il finance une équipe féminine de volley-ball bientôt championne de Chine, comme le club de football de Canton, qui devient le Guangzhou Evergrande et qui, avec le concours de Jack Ma, le patron d'Alibaba, fera son entrée dans la Super League ; il se lance dans l'eau minérale, dans les services financiers et la fabrication de voitures électriques – la spéculation dans ce secteur sera telle que, sans avoir vendu la moindre voiture, la filiale vaudra deux fois plus que la maison mère[3]. Parallèlement, Xu va siéger dans différentes instances du Parti communiste : en 2013, il est élu membre du Comité permanent du 12e comité national de la Conférence consultative politique du peuple chinois ; en 2017, il devient président d'honneur de la Fédération de l'industrie et du commerce du Guangdong, puis membre permanent du comité exécutif de la Fédération panchinoise de l'industrie et du commerce ; en 2018, il est élu à nouveau à la Conférence consultative politique du peuple chinois.

Il ne ménage pas non plus ses largesses dès que le calendrier politique l'exige. À partir de 2017, quand Xi Jinping intensifie la lutte contre la corruption et que la chasse « aux mouches, aux tigres et aux renards » bat son plein, on ne compte plus les donations octroyées aux bonnes œuvres par le patron d'Evergrande dans différentes parties du pays, qu'il s'agisse d'améliorer le niveau de l'éducation et de la médecine dans des zones défavorisées ou de revitaliser les zones rurales. La biographie officielle de Xu sur Baidu, le moteur de recherche chinois, reste un modèle du genre :

> Xu est un travailleur qui n'a pas oublié d'où il vient. Il est plein de gratitude, et porte toujours en son cœur le besoin de rendre à la société ce qu'elle lui a donné. Xu est un entrepreneur privé, qui contribue magnifiquement au développement du secteur privé chinois en restant patriote, en respectant la loi, en innovant, et en rendant à la société ce qu'il lui emprunte. Il a une bonne moralité et une bonne image sociale. Il défend l'idée « le Peuple avant tout, l'industrie pour la société » et ne ménage pas ses efforts pour donner aux gens ordinaires une belle vie. Il a conduit Evergrande à devenir la quintessence du décollage des entreprises privées chinoises.

Vingt-cinq ans après la fondation d'Evergrande, c'est le crash. En novembre 2021, un analyste financier allemand, Marco Metzler, comprend l'étendue du désastre. Il se rend aux îles Caïman, la domiciliation fiscale de la société, pour déposer une demande de mise en faillite : le groupe immobilier est en cessation de paiement, incapable d'honorer ses dettes, dont une bonne partie souscrite auprès des plus grands établissements étrangers – BlackRock, UBS, HSBC, BNP, Allianz, etc. Le régime ne peut plus masquer l'ampleur du problème : le montant représente 2 % du PIB chinois. Evergrande est devenu un monstre, échappant depuis trop longtemps au contrôle et aux sanctions – un de ces rhinocéros gris dont le régime craint la puissance destructrice, capable d'ébranler par sa masse les fondations sociales du pays et son système financier.

Dans un entretien diffusé en juin 2021 par Phoenix TV, une chaîne de Hong Kong, Pan Shiyi, le cofondateur de Soho, avait mis en garde ses collègues promoteurs :

> Nous avons un secteur immobilier comparable aux pays développés, et pourtant nous construisons toujours autant... C'est une bulle. Il n'y a pas d'autre mot. Si vous regardez bien le marché immobilier chinois, il est vicié. Regardez les banques. Quand vous empruntez pour investir dans l'immobilier, le taux d'intérêt moyen des prêts bancaires est de 4,99 %. La rentabilité du marché immobilier est de 1 %. Vous êtes perdant quoi qu'il arrive. Alors quand un promoteur vous promet 10 %, vous le prenez. Mais ce promoteur a besoin de toujours plus d'argent frais pour verser de tels intérêts. C'est insoluble. Et pendant que tout le monde regarde la tension monter entre la Chine et les États-Unis, personne ne regarde l'autre problème, beaucoup plus important. Cent fois plus important.

Et Pan Shiyi conclut : « S'il devait arriver quelque chose à l'industrie immobilière chinoise, un choc quelconque, les conséquences sur le développement chinois seraient immenses. »

Le président Xi Jinping a beau répéter que « les maisons sont faites pour y habiter, non pour spéculer », les chiffres sont là : 60 % de l'épargne individuelle sont concentrés dans l'immobilier ; 50 millions de logements sont vides ; la dette masquée des gouvernements locaux, qui assument l'essentiel des dépenses publiques via leurs plateformes de financement, s'élève à près de 50 % du PIB national. La politique zéro Covid a entraîné des frais sanitaires énormes. Certaines provinces ont été plus frappées que d'autres, passant à des tests payants, abaissant les salaires des fonctionnaires. À Shanshuang, dans le Guangdong, pourtant l'équivalent chinois de la Silicon Valley, un immense projet immobilier, lancé dès 1992 par la compagnie Aomei et préacheté par deux mille trois cent quatre-vingt-quatre personnes, n'a jamais été terminé – Aomei a fait faillite après avoir contracté en spirale d'autres emprunts. Ailleurs, des promoteurs alourdis d'invendus rivalisent d'imagination pour séduire les acheteurs. « De l'ail contre un appartement ! » propose une société dans la province rurale du Henan ; plus de quatre cents tonnes seront reçues en quelques jours, permettant à des agriculteurs de s'acquitter d'une partie de leur investissement. D'autres compagnies, pour appâter le client, acceptent des chariots de pastèques, de pêches, de blé, payés au-dessus des cours du marché.

Depuis 2018, Evergrande à lui seul a abandonné mille quatre cents projets immobiliers pré-vendus.

Partout en Chine, des centaines de milliers d'aspirants propriétaires refusent de rembourser leurs traites et leurs emprunts. Des boucles s'organisent sur WeChat, regroupant et galvanisant les protestataires dans une centaine de villes. Faisant la queue pendant des heures, ils se bousculent devant les bureaux de réclamation du Parti communiste. Des manifestations ont lieu, des représentants des promoteurs sont pris à partie, leurs bureaux saccagés à l'occasion, comme à Shenzhen en septembre 2021. La répression est brutale, et des mesures sont prises pour contenir la colère sociale. Trop de petits épargnants, dans les régions rurales surtout, s'estiment lésés par les banques et les assurances, qui continuent d'opérer dans une certaine opacité. Plus de deux cents responsables sont arrêtés. En 2022, tout au long des mois précédant le XXe congrès, plusieurs dirigeants sont incarcérés ainsi qu'une quarantaine de fonctionnaires des agences censées les contrôler. La lutte contre la corruption continue.

Le grand patron d'Evergrande, Xu Jiayin, a beau se faire discret, des acheteurs d'appartements jamais construits, ivres de rage, seraient allés jusqu'à pénétrer dans son cimetière familial pour déterrer les tombes de ses ancêtres – le plus sacrilège des affronts, dans la culture chinoise comme dans d'autres. Selon *Forbes*, sa fortune s'élève encore à 8,9 milliards de dollars.

En 2020, pour tenter de dégonfler la bulle immobilière, le gouvernement a publié « les trois lignes rouges » destinées à limiter la capacité d'emprunt des promoteurs auprès des banques et à les pousser à se désendetter. Evergrande n'en a tenu aucun compte. Au niveau local, les responsables du Parti appliquent les règles de façon si rigide que des dizaines de promoteurs privés se trouvent brutalement au bord de la faillite. Quand ils ne parviennent plus à écouler leurs immeubles, des entreprises publiques et même des municipalités procèdent à des achats groupés, mettant aussitôt les biens en location. En novembre 2022, face à l'effondrement du secteur, le régime change de méthode, optant pour l'assouplissement, sinon l'abandon des « trois lignes rouges ». Les banques locales sont au contraire encouragées à prêter de nouveau aux promoteurs « les plus vertueux » – Evergrande n'y a pas droit. Quelque 174 milliards d'euros seront ainsi injectés dans l'immobilier. Une façon pour l'État d'éviter le pire et de reprendre la main sur l'ensemble du secteur.

Un autre rhinocéros gris a pointé sa corne dans le paysage dévasté de l'immobilier chinois : Country Gardens. En juin 2022, les dettes du groupe, qui a construit des quartiers résidentiels dans tout le pays, atteignent 42 milliards de dollars. Serait-il « plus vertueux » aux yeux du pouvoir ? Des cordes de rappel vont lui être lancées pour éviter qu'il ne s'enlise à son tour. La Caisse d'épargne de la Poste et la Banque industrielle et commerciale de Chine conjuguent leurs efforts pour accorder des lignes de crédit suffisantes et lui épargnent la faillite.

À la tête de Country Gardens, Yang Huiyan, née en 1982, a été pendant plusieurs années la femme la plus riche de Chine. Sans grand mérite : elle a reçu le béton en héritage, initiée aux conseils d'administration dès son plus jeune âge, éduquée à Shunde, dans la province du Guangdong, dans l'école internationale construite par son père pour valoriser les projets immobiliers auprès de parents obsédés par la réussite de leurs enfants. D'autres promoteurs copieront l'idée, installant des établissements scolaires au centre de leurs projets de développement. En 2007, à 26 ans, Huyian reçoit 70 % de la holding juste avant son introduction à la Bourse de Hong Kong.

Seconde fille du fondateur de Country Gardens, elle incarne parfaitement ce que les Chinois appellent une *fu'er'dai*, rejeton d'une deuxième génération de milliardaires. Elle a fait des études à l'université britannique de Manchester, puis aux États-Unis, à l'université d'État de l'Ohio, avant de rejoindre l'entreprise familiale, où elle assumera différentes fonctions. Son mari, rencontré à Manchester où il avait sans doute pour mission de la suivre de près, serait le fils d'un ancien associé de son père. Diplômé en génie chimique de la prestigieuse université de Tsinghua, il est vice-président de la chambre de commerce du Guangdong et directeur non exécutif de Country Gardens.

L'histoire du groupe immobilier et le parcours de son fondateur sont exemplaires de cette période singulière de l'histoire du capitalisme chinois tout entier sous l'empreinte de Deng Xiaoping.

Yang Guoqiang est né en 1954 dans la province méridionale et rurale du Guangdong, district de Shunde. La famille est si pauvre qu'il n'a pas de chaussures et ne peut passer les examens de l'école secondaire qu'en bénéficiant d'une bourse de 25 centimes d'euros. Il travaille dans les champs, puis se fait plâtrier avant de rejoindre l'entreprise publique de construction de la ville de Beijiao. Payé moins de 90 euros par mois, il dirige les équipes municipales et devient père d'une première fille qu'il n'aura pas les moyens de soigner convenablement – elle en gardera des séquelles à vie. En janvier 1992, Deng Xiaoping se rend à Shunde et dévoile son projet de « développer une économie de marché socialiste aux caractéristiques chinoises ». Le mois suivant, le Parti désigne le district comme « unité pilote ». La société de développement économique de Beijiao, qui chapeaute l'entreprise de construction, se transforme en société par actions et fusionne avec d'autres firmes publiques pour créer Country Gardens. Yang Guoqiang en devient le patron, et Beijiao, le foyer d'une activité industrielle et immobilière intense. En 1993, comme dans l'île de Hainan et plusieurs régions chinoises, une première crise immobilière menace de couler le tout jeune groupe immobilier. Prompt à comprendre l'impact de la publicité et des médias dans cette nouvelle ère, Yang a l'idée de faire appel à un journaliste de Xinhua, l'agence de presse officielle. Il lui propose de faire la promotion de Country Gardens et des établissements scolaires qu'il veut adjoindre à l'offre immobilière.

La manœuvre est un succès, le groupe prend son essor, Yang Guoqiang rachète les parts de l'État et devient actionnaire majoritaire. En patron averti, il interdit à ses subordonnés d'accorder désormais la moindre interview aux médias – sa fille s'en tiendra soigneusement à l'écart. En 2006, Country Gardens est le premier contribuable du pays ; en 2007, l'entrée en Bourse à Hong Kong consolide la fortune familiale. Yang échappera aux différents scandales marquant la lutte entreprise par Xi Jinping contre la corruption « des mouches, des tigres et des renards », et fera régulièrement des dons importants aux programmes officiels d'éradication de la pauvreté, insistant en particulier sur l'enseignement gratuit aux plus pauvres.

En 2018, Huiyan, sa fille, est nommée coprésidente et pdg du Bright Scholar Education Group, la filiale qui gère les établissements scolaires. Dans un rare entretien à des médias hongkongais lors de l'introduction en Bourse en 2007, son père avait brossé son portrait : « Elle a une bonne mentalité. Elle est si gentille avec les gens qu'elle ne connaît pas [...] Elle a un très bon caractère moral, elle est assidue. Toutes les qualités requises pour faire une bonne cheffe d'entreprise. »

Pour l'élever et la former, Yang Guoqiang aurait suivi à la lettre les préceptes de Li Ka-shing, le magnat hongkongais de l'immobilier. Ce dernier avait, dès 1983, pris la précaution de prendre la nationalité canadienne. Huiyan, elle, dispose d'un second passeport précieux : le chypriote. Membre de l'Union européenne, de la zone euro et bientôt de l'espace Schengen, la République de Chypre a allègrement vendu jusqu'en 2020 des milliers de « passeports dorés », dont plus de cinq cents à des Chinois – libre à eux de circuler sans entraves en Europe et de bénéficier d'une fiscalité particulièrement avantageuse pour leurs investissements, accompagnée d'un accord avec Pékin qui évite la double imposition. Yang Huiyan est sûrement trop visible aux yeux des autorités chinoises pour en faire usage. Selon *Forbes*, sa fortune atteignait en 2021 plus de 29 milliards de dollars ; un an plus tard, d'après la même source, elle est tombée à 10,1 milliards de dollars – la chute la plus spectaculaire affichée dans le classement des milliardaires chinois.

Le rhinocéros gris a maigri, sa masse a fondu. La catastrophe immobilière des années 2020 a contraint Country Gardens à réduire ses ambitions, mais le groupe reste sauf.

Un autre rhinocéros gris, qui au départ savait voler avant de grossir à l'excès, a été, lui, complètement éradiqué du paysage.

En septembre 2021, le président et le directeur général de la compagnie d'aviation HNA ont été mis aux arrêts « pour des crimes présumés ». Le conglomérat privé, créé à la fin des années 1990 dans l'île de Hainan, s'est développé à toute allure en diversifiant ses activités et en multipliant ses investissements à l'étranger – premier actionnaire de la Deutsche Bank et de la chaîne Hilton, propriétaire de l'hôtel

Waldorf Astoria à New York et des hôtels Radisson, des participations dans le groupe immobilier français Pierre et Vacances et l'hôtellerie espagnole, dans la logistique, dans le stockage de pétrole… À son apogée, HNA emploie quatre cent mille salariés. Résultat : un endettement considérable, accru sans modération dans les années 2010, et un entrelacs opaque d'actionnariats divers – quelque 10 milliards de dollars de fonds auraient été détournés. Vient un moment où le régime considère qu'une telle boulimie ne sert en rien « les intérêts supérieurs du peuple chinois », et encore moins les siens.

En juillet 2018, le cofondateur de ce qui est encore la première compagnie aérienne privée chinoise, Wang Jian, 57 ans, diplômé en aviation civile et propriétaire de 15 % des actions, atterrit à Marignane à bord de son Boeing 787 personnel et entreprend de visiter la Provence. À Bonnieux, dans le Luberon, pour une photo près de l'église, il escalade un muret et fait une chute mortelle de huit mètres. « Un accident bête » conclut la justice française. Tel n'est pas l'avis des réseaux sociaux chinois, qui s'embrasent, ni même de l'entourage de Donald Trump. Steve Bannon, alors proche du président américain, n'hésite pas à comparer ce décès mystérieux à l'assassinat de Jamal Khashoggi à Istanbul par des séides du prince héritier saoudien, et dépêche des enquêteurs sur place. S'agirait-il d'un assassinat politique ? Wang Jian aurait-il menacé de révéler une participation secrète aux affaires du groupe de Wang Qishan, le vice-président et plus proche collaborateur de Xi Jinping ? Ou se serait-il suicidé ? L'endettement de HNA s'élève alors à 90 milliards de dollars, le groupe est fragilisé de toutes parts. Les autorités chinoises s'en préoccupent, c'est le moment de reprendre en main ce rhinocéros obèse, l'exemple même de ce capitalisme débridé auquel le régime veut mettre fin. Des policiers chinois sont dépêchés sur place pour s'assurer que le corps est bien celui de l'homme d'affaires, que ses assistants avaient tenté de ranimer par acuponcture en le truffant d'aiguilles. Venus des États-Unis, où ils résident, sa femme et son fils l'identifient ; c'est là que Wang Li sera finalement incinéré. Deux jours après sa mort, sa part de 15 % du capital de HNA a été transférée au fonds de charité Hainan Cihang, basé à New York – un actionnaire majoritaire au fonctionnement particulièrement opaque.

Dès le mois suivant, le groupe est progressivement démantelé, ses participations vendues par blocs entiers. La crise du Covid-19 anéantit tout espoir de sauvetage. La faillite est prononcée en janvier 2021, et un administrateur nommé par la province de Hainan est chargé de nettoyer les débris.

Fosun, le propriétaire du Club Med, de la plus grande banque portugaise et du club de football anglais Wolverhampton Wanderers, fait partie des sociétés à vocation multiple que les agences de l'État surveillent avec une attention accrue. En Chine même, le conglomérat regroupe tout un éventail d'activités, de l'industrie pharmaceutique et l'immobilier aux assurances et aux services financiers. Plus de la moitié du personnel et des actifs du groupe sont situés à l'étranger.

Guo Guangchang, le Shanghaien qui l'a fondé en 1992, est un personnage singulier dans la galaxie des milliardaires chinois, ne serait-ce que par son goût pour une certaine publicité. Issu d'une famille de paysans du Zhejiang, il entreprend des études malgré ses parents, qui voulaient le garder à la ferme, et choisit d'étudier la philosophie à l'université de Fudan. « J'adore réfléchir, surtout aux questions d'idéologie sociale. Je veux défendre ma propre opinion et ne pas suivre le courant général. J'aime faire ce que les autres n'osent, ne veulent ou ne daignent pas faire alors que c'est ce qu'ils désirent profondément. Il faut vivre sans regret[4] », a-t-il déclaré un jour.

À l'université, il rejoint la Ligue de la jeunesse communiste, un réseau singulier au sein du Parti, qui privilégie le mérite intellectuel plutôt que l'héritage familial à la manière d'un Xi Jinping, ce « prince rouge » fait empereur. En 1988, encore étudiant, il observe la fièvre capitaliste qui embrase l'île de Hainan. Diplômé quatre ans plus tard, il va faire partie de « la clique de 1992 » – cette génération de jeunes gens qui se lancent à corps perdu dans les affaires. Dans un bungalow de 15 mètres carrés, équipés d'un seul ordinateur, lui et quatre autres étudiants créent une entreprise de conseil en marketing, la Guangxin Technology Consulting Company. Cahin-caha, l'entreprise se diversifie, de l'immobilier aux tests génétiques, et devient Fosun. Coté à la

Bourse de Shanghai en 1998, puis à Hong Kong en 2007, le conglomérat se développe avec voracité pour contrôler, dix ans plus tard, une centaine de sociétés et peser près de 110 milliards d'euros.

Parmi les fondateurs, la première épouse de Guo, Tan Jian, petite-fille de l'ancien vice-président de l'université de Fudan et diplômée en informatique. Incapable d'avoir des enfants, elle sera répudiée – sous pression de sa famille, dira-t-il – et commentera abondamment son divorce sur les réseaux sociaux avec une amertume légitime. Elle fait toujours partie du conseil d'administration de Fosun et a créé elle-même plusieurs entreprises dont StarGYM, le plus important groupe de clubs de fitness de Shanghai. Guo, lui, s'est remarié avec une présentatrice de télévision, dont il a trois enfants.

L'ancien étudiant en philosophie ne résiste pas à expliquer sa philosophie de la vie : « Comme un tas de bois, mieux vaut brûler que d'étouffer, une fois consumé c'est fini, et le fait d'allumer un feu est un grand plaisir : la vie est ainsi. En fait, tant que vous continuez à marcher avec vos deux pieds tous les jours, vous atteindrez votre destination. »

Tout au long de son ascension, celui qui a été surnommé « le Warren Buffet chinois » est resté proche à Shanghai des plus hauts responsables du Parti, à commencer par Jiang Zemin, qui présidera le pays pendant dix ans, de 1993 à 2003. Dès son intronisation au même poste, Xi Jinping n'aura de cesse, sous couvert de la lutte anti-corruption, d'écarter ou d'éliminer les membres les plus influents de « la clique de Shanghai ». Dans le cadre de « la lutte contre les mouches, les tigres et les renards », le patron de Fosun a été empêché de quitter Hong Kong en 2013, et a fait l'objet de plusieurs investigations par la suite.

Le 10 décembre 2015, Guo Guangchang disparaît. L'information surgit sur une capture d'écran du réseau Weibo et se propage immédiatement dans les milieux financiers. Le lendemain matin, le cours de Bourse de Fosun est suspendu. Trois jours plus tard, voilà le président du groupe qui ressurgit pour la réunion prévue à son agenda. Selon la version officielle, il aurait « apporté son aide à des enquêtes judiciaires ». À son retour de Hong Kong, il aurait en fait été emmené, menotté et masqué, par la police de l'aéroport de Shanghai dans le cadre d'une enquête sur l'ancien patron de Bright Food Group, surnommé « le parrain de Shanghai », dont les parents auraient acheté à Fosun deux propriétés à des conditions préférentielles. « Puisque je suis un citoyen chinois – déclarera Guo Guangchang quelque temps plus tard, lors de sa conférence annuelle à Shanghai avec les analystes et les investisseurs – aider à l'enquête est ma responsabilité, c'est parfaitement normal. Tout est maintenant très normal à Fosun. Ce qui s'est passé n'a pas affecté le développement de Fosun. »

Avec une fortune estimée en 2022 à 3,8 milliards de dollars, membre de la Conférence consultative politique du peuple chinois, du comité de la Fédération nationale du commerce et de l'industrie, vice-président de plusieurs organisations philanthropiques, Guo a toujours affirmé qu'il fallait « s'appuyer sur la politique, mais rester loin des politiciens ». En 2014, il précisait : « Je fais les choses bien, pourquoi le gouvernement voudrait-il ma mort ? Ce ne serait pas conforme à l'esprit de la réforme et de l'ouverture [l'un des slogans du régime]. De nous quatre [l'équipe entrepreneuriale de Fosun], aucun n'a émigré à l'étranger ou pris des passeports étrangers, nous sommes des citoyens de la République populaire de Chine. » Et il conclut : « Je crois en la politique de réformes et d'ouverture du Parti[5]. »

Il n'empêche. Depuis cet épisode, le groupe ne fera plus que de rares investissements dans les pays occidentaux, comme le rachat du voyagiste Thomas Cook. « Nous voulons passer plus de temps sur les marchés en développement, tels la Russie, l'Inde et le Brésil », précise Guo. Sans doute lui a-t-on fait comprendre qu'il s'agit désormais de servir davantage les intérêts de la politique étrangère du régime.

À l'instar d'autres géants de l'industrie et de la technologie chinoises, alourdi d'un endettement à hauteur de 40 milliards de dollars, Fosun est désormais soumis à la recrudescence des contrôles effectués, pour des raisons diverses, par les agences de l'État. Certaines de ses filiales seraient en vente. Le propriétaire du Club Med, de Lanvin, du beurre St Hubert, de la plateforme de gestion d'actifs Paref et de Tridem Pharma s'est néanmoins rendu à Paris en juillet 2022 pour participer au sommet « Choose France ». Il s'est aussi entretenu avec le secrétaire général de l'Élysée « dans un esprit gagnant-gagnant », affirme le communiqué de l'ambassade de Chine.

Fin 2022, rentré à Shanghai après un long périple à l'étranger, Guo Guangchang a cru utile de publier sur Weibo un bref communiqué : « Fosun est une compagnie enracinée en Chine, et la Chine sera toujours la citadelle de Fosun[6]. »

9

Les guerres de l'eau

Le contrôle de l'économie chinoise ne repose pas que sur les géants de la technologie et les magnats déchus de l'immobilier. Il est des secteurs traditionnels qui, dans le domaine agroalimentaire en particulier, traversent les tempêtes et parfois en bénéficient – la pandémie du Covid-19 s'est révélée tout à fait lucrative pour certains acteurs majeurs du capitalisme à la chinoise. Parmi eux se trouvent quelques-uns des partisans les plus résolus de l'Empereur et de l'évolution qu'il impose au régime.

Son nom apparaît rarement, et pourtant, à 68 ans, il affiche la plus constante des réussites chinoises. D'un classement à l'autre, sa fortune se chiffre aux alentours de 62,3 milliards de dollars – au moment où celles des géants de la technologie se sont effritées, elle est aujourd'hui la première de Chine et l'une des plus importantes du monde derrière celles de la famille Arnault et de l'Indien Mukesh Ambani. Son parcours, sinueux, épouse les différentes étapes et les soubresauts politiques du développement économique du pays – son surnom, « le loup solitaire », dit bien la rugosité du personnage.

Zhong Shansan a créé Nongfu Spring, une eau minérale qu'il a imposée sur l'immense marché intérieur à coup de slogans publicitaires et d'opérations punitives contre ses concurrents. Il vend plus de 15 milliards de bouteilles par an. Sa manière de faire combine l'inventivité d'un Jacques Séguéla et la brutalité d'un Al Capone. Son empire inclut une centaine d'entreprises sous des appellations diverses, allant de l'alimentaire à la pharmacie, édifiées à une époque où les réglementations étaient sommaires et les normes sanitaires inexistantes. Il est aujourd'hui la cible de nombreuses contestations publiques tant les consommateurs se font plus exigeants sur les réseaux sociaux, tant la pollution et la dégradation de l'environnement, rançons d'un développement échevelé, s'aggravent dans le pays.

Pour Zhong aussi, l'aventure a commencé dans l'île de Hainan – un démarrage peu prometteur puisqu'il est à ce moment-là journaliste. Né en 1954 dans la province du Zhejiang, sur la côte est, au sud de Shanghai, il ne termine pas l'école primaire : l'un de ses grands-pères a beau avoir appartenu aux premiers cadres du Parti communiste dans la province du Zhejiang, la Révolution culturelle déporte à la campagne ses parents, qualifiés d'« intellectuels droitistes », et l'envoie se former au métier de charpentier. Une vingtaine d'années plus tard, sachant à peine compter, il réussit péniblement à intégrer une université au sein de la Fédération provinciale des cercles littéraires et artistiques, que fréquentera aussi, sans qu'ils se rencontrent, un certain Jack Ma, le fondateur d'Alibaba. Zhong décroche un poste de journaliste au quotidien régional, chargé de couvrir les zones rurales. À ce titre, il va sillonner une région traditionnellement tournée vers le commerce et les échanges, tissant avec les différents acteurs locaux des réseaux qui s'avéreront précieux. Il s'y distingue en signant en 1985 un article, audacieux pour l'époque, où il dénonce le gâchis humain d'un système qui ne tient aucun compte des talents et des aspirations des individus. Quand Deng Xiaoping libéralise la région de Hainan, Zhong s'y précipite et tente de créer le premier journal privé du pays, qu'il intitule *The Pacific Post*. C'en est trop pour le régime, la publication est mort-née. Il tente la culture de champignons, la vente de rideaux, l'élevage de crevettes – échec sur toute la ligne. Il se fait alors embaucher par une entreprise qui produit des comprimés à vertu pharmaceutique sous le nom de Wahaha. Rien ne certifie que ces remèdes aient la moindre efficacité, mais Zhong se lance dans un petit trafic entre Hainan et sa région natale, vite mis au jour par la direction, qui le licencie. Entre autres spécialités culinaires, l'île de Hainan est connue pour une soupe de tortue et de poisson volontiers qualifiée de « soupe santé ». Qu'à cela ne tienne, voilà l'homme qui embauche trois experts de médecine traditionnelle et se met à fabriquer des comprimés « tortue et poisson », censés favoriser les prouesses sexuelles. Le succès sera immédiat et massif auprès d'une population peu éduquée, imprégnée de croyances ancestrales remises ainsi au goût du jour.

Tout en restant en phase avec les priorités du régime, Zhong comprend aussi la force du marketing : il affirme donner des comprimés de sa fabrication à sa propre famille, impose sa marque parmi les premiers sponsors de compétitions sportives et forge quelques slogans qui attestent de son talent publicitaire. Pour les femmes, « La beauté de l'intérieur vers l'extérieur » ; pour l'eau minérale, qu'il exploite à partir de 1996 à côté du lac des Mille-Îles, dans le Zhejiang, « Nous ne produisons pas de l'eau, nous apportons la nature » – irrésistible dans un pays où il vaut mieux faire bouillir l'eau avant de la boire. Basée à Hangzhou, l'entreprise devient Nongfu Spring, et les publicités sur les chaînes de télévision, qui se développent à leur tour, « font entrer la bouteille à capuchon rouge dans tous les foyers ». En 2001, il soutient la candidature de la Chine aux jeux Olympiques d'été de 2008 en offrant à l'organisation un centime par bouteille d'eau achetée. En 2003, il investit dans l'aventure spatiale avec « une eau potable spéciale pour les astronautes chinois » et promeut ses bouteilles dans les conférences internationales. Il crée une gamme de boissons à base de jus de fruits et « Scream », un breuvage énergisant, avant d'introduire sa société à la Bourse de Hong Kong en 2005. Il est devenu le premier producteur de boissons en Chine, avec une marge qui atteindrait les 60 %. Le chiffre d'affaires de son groupe dépasse même celui de Coca-Cola ou de Pepsi.

Peu prolixe, n'étalant pas volontiers ses richesses, avare de ses apparitions au moment où d'autres entrepreneurs découvrent les ivresses de la notoriété, Zhong s'attache à se forger l'image d'un patron « confucéen », mariant l'habileté dans les affaires et les préceptes de sagesse édictés par le philosophe Confucius au ve siècle avant notre ère. Après les errements du maoïsme, jamais jugés ni condamnés en Chine, le régime communiste a entrepris avec vigueur d'en restaurer le modèle pour contribuer « au plan de mise en œuvre de la construction de l'éthique citoyenne » censé, selon la doctrine officielle, encadrer le développement économique. « J'ai travaillé comme journaliste, je sais exactement ce qui va faire la une des journaux, explique Zhong au *China Daily* dès 1996. Je n'ai pas l'habitude de la flatterie, alors je préfère la discrétion. »

Voilà qui n'empêche pas Zhong d'orchestrer contre ses concurrents des batailles tonitruantes où les fabricants d'eau minérale s'accusent mutuellement d'en trafiquer la composition. Les autorités locales et la presse se font aussi plus pressantes. Ainsi en 2009 le Centre de surveillance de l'environnement indique que l'une des sources de Nongfu, dans le lac Qiandao, est polluée et impropre à la consommation, tandis que le quotidien *The China Times* en rend responsable l'une des usines du groupe. Puis l'administration de la ville de Haikou découvre lors d'un test de routine que le jus de pamplemousse Nongfu contient un ingrédient dont la formulation se rapproche de l'arsenic. De son côté l'Association chinoise du travail social accuse la société de n'avoir jamais versé au Comité olympique les sommes promises. Plus récemment, des internautes ont révélé sur les réseaux sociaux, qui jouent un rôle croissant auprès des consommateurs, que Nongfu avait détruit les forêts de la montagne Wuyi pour mieux collecter l'eau souterraine.

Procès après procès, Zhong Shansan tient bon et gagne – difficile d'apprécier la part du droit et des rapports de forces dans un système où la qualité des réseaux personnels et politiques prédomine. Il entretient sa réputation de « loup solitaire » que lui attribuent régulièrement les médias chinois : « Je n'ai pas l'habitude de faire des flatteries, je n'aime pas sociabiliser, je n'aime pas boire de l'alcool, affirme-t-il dans un rare entretien télévisé, c'est la raison pour laquelle je n'ai jamais investi dans l'immobilier. Je suis incapable de réussir dans ce milieu », ajoute-t-il, non sans pourfendre la majorité de ceux de sa génération qui, à l'entendre, « se sont contentés d'accumuler des fortunes immenses sans vraie valeur ajoutée et ont créé une bulle qui va faire très très mal à l'économie chinoise[1].

Son fils, Zhong Shuzi, est tout aussi discret. Comme la plupart des rejetons de cette première génération d'entrepreneurs, il a fait ses études de lettres aux États-Unis, à l'université de Californie d'Irvine.

En septembre 2020, moins d'un an après le début de la crise sanitaire, Nongfu Spring est introduit en Bourse à Hong Kong et lève 1,1 milliard de dollars.

La capitalisation boursière grimpe à 47 milliards d'euros, la fortune familiale est multipliée par trois.

Quel que soit le poids du groupe créé de toutes pièces en vingt-cinq ans, Zhong reste ancré dans des secteurs traditionnels qui ne participent pas à l'extraordinaire bond en avant, pendant la même période, des entreprises issues du numérique. Il en a néanmoins utilisé les outils pour analyser les données de ses marchés et l'évolution des comportements des consommateurs.

Il sait aussi épouser le discours dominant. Quand Xi Jinping resserre son étreinte sur les géants de la technologie, Zhong Shansan apporte sa contribution avec la brutalité de langage qui le caractérise. Dans un entretien accordé en 2020 à un média en ligne, il se livre à une critique en règle des fleurons de l'économie chinoise, faisant clairement allusion aux multiples « emprunts », sinon aux vols de brevets qui ont accéléré leur croissance :

> Nous sommes un pays de 1,3 milliard d'habitants. Un grand pays ne se transforme pas comme un petit pays. J'en ai marre d'entendre toujours la même ritournelle « transformation, transformation ». Surtout de la part de ceux qui parlent d'Internet. Internet fait vraiment perdre son orientation à la Chine, perdre son orientation à l'économie. C'est quoi, Internet ? Internet, c'est la machine à vapeur de notre époque… Ça ne dit rien de notre force industrielle. Pourquoi les États-Unis ne sont pas comme nous, avec plein de petites entreprises spécialisées dans Internet ? Parce que les États-Unis ont des règles

> commerciales et industrielles normalisées. Si tu fais de la contrefaçon, tu vas en prison. Tu vends de la contrefaçon, on te ruine définitivement, on met ton nom sur liste noire. Nous, on n'a pas de lois. Si tu vends une contrefaçon à 10 yuans, je ne vais pas te poursuivre en justice, je n'ai pas de temps à perdre. Internet, c'est un outil. Mais est-ce la totalité de notre développement économique ? On prend Internet trop au sérieux ! Bien sûr, la transformation est importante, elle est nécessaire à chaque nouvelle époque. Mais le vacarme médiatique ne traite que de ça, à 90 %. Et il égare le pays. On a cent millions de paysans. Tu veux les transformer comment ? [...] En Chine, on a besoin d'améliorer [ce qui existe], pas de transformer[2].

Voilà qui n'empêche pas le roi de l'eau d'être associé à un titre ou à un autre à une centaine d'entreprises différentes. Dès l'apparition du nouveau coronavirus, le secteur des biotechnologies s'enflamme. Si le dogme du zéro Covid va enrayer l'économie du pays, ralentir sa croissance et le rythme de ses exportations, il va permettre ou accroître la fortune des investisseurs qui parient sur les nouveaux besoins ainsi créés, de la production de masques aux scaphandres blancs des inspecteurs. En avril 2020, Zhang prend le contrôle d'un grand laboratoire pharmaceutique, Wantai BioPharm. Leader mondial du diagnostic de l'hépatite E, c'est l'un des principaux fabricants chinois de tests – VIH, hépatite C, syphilis et bien sûr Covid-19 –, mais aussi d'un vaccin par vaporisation nasale devant être commercialisé en 2022.

Au moment où la pandémie en Chine amorce un recul provisoire sous l'effet des confinements obligatoires de villes et de régions entières, Wantai fait son entrée en Bourse à Shanghai. Sa capitalisation augmentera en quelques mois de 2 500 %.

En 2021, surprise : sans raison apparente, Zhong Shanshan démissionne de la présidence de cette entreprise, l'une des plus florissantes de son groupe. Serait-ce le moment de se mettre à l'abri des foudres de l'Empereur, qui n'aime pas les réussites trop éclatantes ?

Le « loup solitaire » n'oublie pas pour autant de montrer les crocs dès qu'il s'agit de défendre ses produits – en l'occurrence son eau minérale :

> La loi en Chine est inopérante. Elle ne correspond pas à la concurrence entre les marchandises. L'Occident, les États-Unis, l'Europe… là-bas, les comparaisons qui sont faites entre les produits sont entièrement encadrées par la loi. Et nous, est-ce qu'on a le droit de parler ? Si on met deux bouteilles d'eau différentes côte à côte, est-ce que je n'ai pas le droit de dire que ce n'est pas la même chose, que la concurrence est déloyale[3] ?

Un conflit, frontal, est intervenu avec un autre entrepreneur à succès – celui-là même qui a transformé Wahaha, à l'origine une entreprise d'État, en une compagnie pharmaceutique florissante, celle-là même qui avait jadis congédié Zhong pour cause de traficotage. Son nom : Zong Qinhou. Les deux hommes se sont livré une véritable guerre de l'eau, à coups de campagnes de dénigrement et de procès retentissants.

Le patron de Wahaha adhère de plus près encore au discours officiel pour mieux pourfendre son rival. Voici ce qu'il déclare en juillet 2020 à la conférence annuelle des chefs d'entreprise chinois :

> En réalité, depuis quarante ans, depuis la réforme et l'ouverture [décidées par Deng Xiaoping], le contrôle de la qualité de la production nationale par le gouvernement est très strict. La conscience de l'exigence de la qualité dans les firmes chinoises est de plus en plus prononcée. Vraiment, la qualité de notre produit n'a pas à rougir de la compétition internationale. Même les produits de luxe internationaux, dont beaucoup passent par la Chine pour leur fabrication ; ensuite on leur colle simplement une marque, et ces produits multiplient d'un coup leur valeur par dix. Le nombre d'enseignes d'un pays indique sa puissance. Notre pays en a jusqu'ici enregistré 2 823. Mais à l'international, l'influence de nos marques, la puissance de leur discours sont encore relativement faibles. En plus, les consommateurs chinois de l'intérieur favorisent les marques étrangères. Mais la jeune génération ne vénère plus l'étranger comme les précédentes ; elle a confiance dans les produits chinois. Donc, nous élevons notre confiance en notre nation. Cultivons ensemble les marques internationales du peuple chinois !

Zong appartient à une famille illustre dont l'histoire remonte à la dynastie des Song, qui régna de 960 à 1279 de notre ère – l'ancêtre le plus célèbre, le général Zong Ze, établit son clan dans la région du Zhejiang, dans l'est du pays, au début du XIIe siècle. Un arrière-grand-père haut fonctionnaire de l'Empire, un grand-père au service du Kuomintang : quand son père tente, après la victoire communiste de 1949, de fuir la pauvreté en ouvrant un petit commerce, il se heurte aussitôt à l'hostilité des autorités. Qinhou, le fils, né en 1945, brille au lycée de Hangzhou, où il gagne le sobriquet d'« étudiant au visage pâle » tant il aime la littérature russe, enseignée à l'époque de la grande amitié sino-soviétique. Il s'essaie ensuite à toutes sortes de petits métiers avant d'échouer dans une ferme d'État préposée à la culture du thé. Il y passera quatorze ans, apprenant à cuisiner et à tuer le cochon jusqu'à la fin de la Révolution culturelle. À l'âge de 33 ans, il obtient le droit de remplacer sa mère, partie à la retraite, comme vendeur dans une usine de carton à Hangzhou. Il suggère au patron de démarrer au sein de l'entreprise d'État la fabrication de compteurs électriques. C'est le succès, surtout quand il s'installe, comme tant d'autres, dans l'île de Hainan pour participer « à la nouvelle ère de l'ouverture ». La bulle immobilière éclate, retour à l'usine de carton sur le continent. Le voilà chef de la distribution de l'entreprise qui se met à commercialiser des « pilules de pollen », censées favoriser la croissance. Contraints par la politique de l'enfant unique, les parents sont prêts à tous les sacrifices pour leur progéniture. Constatant que beaucoup souffrent de malnutrition, Zong s'adjoint le concours de trois spécialistes en alimentation et en médecine traditionnelle. En 1988, le premier encart publicitaire vantant le Wahaha Children's Nutrition Liquid apparaît à la une du journal local : à 43 ans, Zong Qinghou lance Wahaha – le terme signifie « le son d'un bébé qui rit ». L'entreprise se diversifie et se développe rapidement en absorbant plusieurs entreprises d'État défaillantes, processus courant à l'époque. Sept ans plus tard, le groupe compte plus de cent soixante usines dans vingt-neuf provinces – il crée notamment le Feichang Kekou, un rival de Coca-Cola, avec le slogan : « Very Coke, the Chinese own Coke ».

Zong ne fait confiance qu'à sa famille et bénéficie de réseaux politiques solides : il siège à l'Assemblée nationale populaire ; sa propre épouse, rencontrée à l'époque de l'usine de carton, est la secrétaire générale du Parti communiste de la province et leur fille, installée un temps aux États-Unis, gère leur fortune. Affichant un mode de vie frugal, Zong se plaindra régulièrement des rumeurs hostiles entretenues, dit-il, par ses concurrents. Plusieurs fois soupçonné d'évasion fiscale, il ne sera atteint par aucun des scandales de l'époque. Les protections dont il bénéficie coûteront cher aux Occidentaux qui méconnaissent les règles du jeu...

En 1996, Zong signe un partenariat avec Danone. Il contrôle à l'époque 25 % du marché chinois des boissons lactées et 30 % de celui des eaux minérales. L'accord permet à Wahaha de mettre en place les outils de production les plus modernes du pays, et au français de concurrencer Nestlé sur le marché chinois. À l'instar de la plupart des implantations occidentales dans le pays, une coentreprise est créée avec le concours de Peregrine, une banque d'affaires de Hong Kong, bientôt en faillite. Le succès du partenariat est immédiat, la Chine devient le troisième marché mondial de Danone avec un chiffre d'affaires de 1,4 milliard d'euros. Dix ans et trente-neuf filiales plus tard, c'est la crise ouverte : Danone découvre que Zong a lancé plusieurs produits concurrents en utilisant leurs équipements communs, le Chinois entend se libérer de toute contrainte pour poursuivre ses propres projets et politise le conflit, invoquant la souveraineté nationale, le patriotisme économique et la honte ancestrale des guerres de l'opium. S'ensuivront trois années de procès, de tumultes et de coups bas, avec manifestations « spontanées » de salariés de Wahaha en soutien de leur patron, menaces des directeurs d'usine chinois contre des cadres européens, accusations des autorités sanitaires chinoises dénonçant la présence de bactéries dans l'eau d'Évian... Après une longue bataille juridique, le divorce est prononcé : un tribunal chinois interdit au français d'utiliser la marque Wahaha et Danone vend ses parts à Zong Qinhou pour 350 millions d'euros – un revers stratégique majeur pour le groupe de Franck Riboud. « Danone voulait nous acheter à bas coût, je ne les ai pas laissés faire ! » éructe celui qui est devenu au passage l'un des hommes les plus riches de Chine.

Son engagement politique lui vaut toutes sortes de distinctions, aux niveaux régional et national. À trois reprises, en 2003, en 2007 et 2016, il est nommé député au Congrès national du peuple. Il contribue régulièrement à tous les programmes d'éradication de la pauvreté encouragés par le régime. En 2013, il reçoit le titre envié d'« entrepreneur privé méritoire pour contribution exceptionnelle à l'industrie nationale ». Cette année-là, sous la pression des médias officiels, il est contraint de nier toute intention d'émigrer aux États-Unis. L'ère Xi Jinping commence. À chaque étape, le patron de Wahaha s'empresse de renchérir, dénonçant avec véhémence la corruption avant de prôner comme il se doit la prospérité commune. Il exprime volontiers son admiration pour Mao Zedong, que l'Empereur a remis au goût du jour, et dit appliquer les préceptes militaires du Grand Timonier à la gestion de ses entreprises. Au début du deuxième mandat de Xi, Zong Qinhou rivalise d'ardeur :

> En 2017, nous voulons encore accompagner la transformation et la montée en gamme. Nous voulons développer l'économie réelle. En ce moment, l'économie virtuelle plonge l'économie réelle dans le chaos. L'économie réelle est celle qui produit des richesses. Si elle disparaît, tout s'effondre. En réalité, la crise économique mondiale résulte du trop grand nombre de personnes qui profitent de l'économie, alors que trop peu produisent des richesses. Cette équation produit la crise. Tout le monde veut faire de l'économie virtuelle, ça veut dire prendre dans le

> sac d'un autre pour le mettre dans le sien ; si tout le monde fait comme ça, on est fichu. L'économie virtuelle fausse le système de prix. Bien sûr, l'économie réelle doit améliorer le niveau de ses produits, améliorer la valeur, poursuivre la transformation et la montée en gamme. Ma plus grande satisfaction, c'est le contrôle d'Internet dans notre pays, parce que j'ai subi de très grands préjudices à cause de rumeurs en ligne[4]...

Au début des années 2020, comme beaucoup de ses congénères, Zong démissionne de la plupart de ses fonctions à la tête du conglomérat qu'il a construit. Nommée vice-présidente, Fuli, sa fille unique née en 1982, s'efforce comme son père d'épouser le discours dominant. Quand le régime entreprend de contraindre les géants de la tech à unifier leurs bases de données dont ils s'estiment propriétaires, en 2020 elle affirme au comité du département provincial du commerce du Zhejiang : « Le gouvernement doit fonder une plateforme légale et normalisée des données pour briser l'isolement des réserves de données entre les entreprises d'un même secteur. Nous devons assurer la sécurité des données, et construire un système de circulation des données des utilisateurs bénéfique à tous[5]. » Elle ne dédaigne pas non plus les médias. Distinguée en 2019 parmi les dix personnalités du monde économique les plus appréciées du public, elle affiche ses ambitions :

> Je me demandais comment mon père avait pu passer autant de temps à développer son industrie. Pendant

> vingt ans, il m'a dit : « Conserver et transmettre, c'est ma responsabilité. » Chercher et innover, c'est désormais ma mission. Je continuerai son effort, je m'efforcerai d'innover, d'être à la hauteur de ma jeunesse, afin d'apporter à l'industrie manufacturière chinoise ma contribution. »

Devenue à son tour l'une des femmes les plus riches de Chine, elle est scrutée de près – son projet de faire coter Wahaha à la Bourse de Shanghai a été jugé inopportun, elle a dû l'abandonner.

10

La moitié du ciel

« Les femmes portent la moitié du ciel sur leurs épaules », affirmait Mao Zedong en 1955. Dans la Chine de Xi, trois générations plus tard, au-delà de la pleine égalité des sexes proclamée par l'idéologie communiste, leur rôle est très différemment mis en valeur selon leur niveau d'éducation et l'échelle des revenus. On ne mentionne jamais la mère de Xi Jinping, qui pourtant a adhéré au Parti à 17 ans, lors de la guerre sino-japonaise – la vieille dame serait encore en vie. Dans l'hagiographie de l'Empereur, seul le père a mérité la place d'honneur ; à Fuping, son village natal dans la province du Shaanxi, une statue et un musée ont été édifiés, lieux de pèlerinage pour les plus dévots.

Si sa propre épouse a été longtemps plus célèbre que lui et si leur seul enfant est une fille, Xi affiche une conception très conservatrice de la famille. Ainsi, en décembre 2020, il soulignait dans un discours « le rôle unique des femmes dans la promotion des vertus familiales de la nation chinoise et dans l'établissement d'un bon style de famille, qui est lié à l'harmonie du foyer, à l'harmonie sociale et à la croissance saine de la prochaine génération ». Tout un programme, qui correspond au tournant de « la prospérité commune », à la reprise en main des industries du divertissement et surtout à la crise démographique, l'obsession du régime.

La politique de l'enfant unique, imposée par Deng Xiaoping dans les zones urbaines pour éviter au pays une surpopulation qui lui aurait été fatale au lendemain du chaos maoïste, a longtemps entraîné dans les campagnes l'infanticide des filles. Le déséquilibre perdure dans certaines régions où le rapport hommes/femmes est de 120 à 100 – à l'échelle du pays, il manquerait 35 millions de femmes, et les hommes vont en acheter dans les pays voisins quand ils en ont les moyens[1].

La règle contraignant les couples à ne déclarer qu'un seul enfant a été assouplie puis officiellement abolie en 2016, mais plusieurs secteurs de l'économie sont devenus dépendants de la main d'œuvre féminine. Les femmes représentent 67 % de la population salariée – une proportion plus élevée qu'aux États-Unis et l'ensemble des pays de l'OCDE. Au cours des vingt dernières années, elles ont conquis des responsabilités importantes dans le secteur privé – en Chine comme ailleurs, la nouvelle génération cherche une autre forme d'épanouissement et rechigne à s'enfermer dans les contraintes familiales[2]. Des mesures d'encouragement aux familles pour s'élargir à deux ou même trois enfants ont été mises en place avec un impact limité. Le contrôle des avortements a été renforcé – la Chine affiche le taux le plus élevé des pays développés. Une procédure pour ralentir le rythme des divorces est intervenue en 2021. Pourtant la tendance au déclin démographique se poursuit sous le triple impact du coût de l'éducation, de la crise immobilière et bien sûr des multiples contraintes du zéro Covid. En dix ans, depuis l'arrivée de Xi Jinping au pouvoir, le nombre de naissances a diminué de plus de 45 %. Le taux de fertilité est tombé en dessous du seuil de reproduction, et le point de bascule est atteint : à partir de 2022, la population chinoise a commencé à décliner pour s'abaisser à huit cents millions d'ici à la fin du siècle. La chute de la fécondité et l'allongement de la durée de la vie accélèrent les changements structurels. Le nombre de personnes seules atteint déjà 92 millions en 2022 – comme au Japon, « l'économie de la solitude » va imposer de nouveaux critères. Le vieillissement entraînera des coûts sociaux et sanitaires accrus, le marché intérieur va rétrécir, la main-d'œuvre disponible sera moins abondante et plus chère. Autant de facteurs qui risquent de compromettre les ambitions de l'Empereur au moment où la confrontation économique avec les pays occidentaux se durcit.

Voilà qui souligne l'importance des enjeux liés à la condition féminine, et qui devrait apparaître, fût-ce symboliquement, dans l'organisation même du pouvoir. Il n'en est rien. Depuis 1948, six femmes seulement ont fait partie du Bureau politique du Parti – trois étaient les épouses des dirigeants.

Aujourd'hui, sur les deux cent cinq membres titulaires du Comité central, on ne compte que onze femmes, et aucune ne siège au sein du nouvel organe exécutif intronisé en mars 2023. Dans l'équipe précédente, une seule, Sun Chunlan, avait le titre de vice-présidente chargée entre autres de la santé, ce qui lui valut d'incarner à Wuhan, au début de la pandémie en janvier 2020, la reprise en main musclée de la situation sanitaire. Au niveau provincial comme au niveau central, les femmes n'occupent que 8,4 % des postes dirigeants. La réglementation n'est pas officielle, mais la moitié des emplois publics accessibles par concours sont exclusivement réservés aux hommes[3].

Historiquement, à l'exception de grandes impératrices, les femmes n'ont jamais bénéficié d'autonomie dans la société chinoise. Mariages et dots négociés entre familles, obligation de procréer et de produire des héritiers mâles, impossibilité d'accéder à la propriété : l'iconographie révolutionnaire a beau exalter le rôle des combattantes, l'histoire n'en a guère retenu que la terrible Mme Mao, à la pointe la plus sanglante de la Révolution culturelle. Si les principes d'égalité ont été proclamés comme dans tous les pays communistes et si la main-d'œuvre féminine a été mise à contribution jusque dans les tâches les plus rudes, le Parti a rarement favorisé l'ascension des femmes aux plus hauts postes et résisté, en particulier, à l'égalité salariale au même niveau de compétences. Quant à la vague de revendications féministes à l'œuvre dans d'autres sociétés asiatiques, elle peine à émerger en Chine. « Ces dernières années, les autorités ont renforcé leur mainmise sur de nombreux pans de la société, dont le militantisme féministe, affirme en janvier 2022 Yaqiu Wang, chercheuse au sein de Human Rights Watch. Le Parti communiste chinois est paranoïaque vis-à-vis de tout ce qu'il ne peut pas contrôler. »

On le vérifie à la façon dont la censure traite les affaires de mœurs. Pour les cas ordinaires, relayés par son puissant système de « surveillance citoyenne », le Parti s'en charge en son sein. Quand il s'agit de personnalités connues des réseaux sociaux, l'opinion s'enflamme. En novembre 2022, Kris Wu, un chanteur et acteur sino-canadien qui est une immense star en Chine, a été condamné à treize ans de prison notamment pour viol – un procès qui permet opportunément au régime de rappeler les célébrités au respect de l'ordre moral. Des cas de harcèlement en entreprise bénéficient d'une certaine publicité quand leurs dirigeants font l'objet des foudres officielles – ainsi un haut gradé d'Alibaba, une fois Jack Ma tombé de son piédestal. Une affaire plus délicate pour Pékin a impliqué aux États-Unis, en 2018, le fondateur de JD.com, un géant du commerce en ligne : accusé de viol par une étudiante chinoise à l'université du Minnesota, il a été arrêté par les autorités américaines avant d'être relâché au bout de vingt-quatre heures. La jeune fille a été traitée de tous les noms sur les réseaux chinois sans obtenir réparation. Les responsables du Parti restent intouchables. La joueuse de tennis Peng Shuai, qui avait accusé de viol un ancien vice-Premier ministre, l'a appris à ses dépens : « disparue » pendant une dizaine de jours, elle fut obligée en février 2022 de démentir ses accusations et de mettre fin à sa carrière. De nombreux cas de violences sexuelles commises dans les universités, surtout par les professeurs, sont volontiers étouffés par la censure, mais parfois la colère exprimée sur Douyin, le TikTok chinois, prend de telles proportions que les autorités doivent intervenir[4].

Si la propagande continue d'y voir les signes de la décadence occidentale, des militants chinois s'efforcent courageusement de promouvoir les droits LGBT. Sur WeChat, plusieurs comptes officiels d'universités ou d'organisations engagées sont systématiquement supprimés – aux yeux du Parti, les minorités sexuelles apparaissent comme « une cinquième colonne » diligentée par les Occidentaux et méritent d'être réprimées. L'homosexualité n'est plus un crime depuis la fin du siècle dernier, et la société chinoise s'accommode, dans les grandes villes surtout, de la tolérance nécessaire – on l'a constaté au moment des jeux Olympiques d'hiver de Pékin, en 2022.

Le discours officiel ne cesse cependant d'exalter la virilité et les valeurs traditionnelles de la famille – on l'a vérifié dans la reprise en main du secteur éducatif. Ce sera encore le cas lors du XXe congrès du Parti. « Quand on sait la violence du choc démographique qui s'annonce, et l'échec de tous les efforts d'injonctions politiques et d'intéressements financiers, les femmes chinoises ne doivent pas s'attendre à des lendemains qui chantent, note l'économiste François Chimits. Dans le rapport du congrès, le langage sur l'égalité des genres apparaît considérablement affadi ; l'accent est mis sur la nécessaire dynamique des naissances et le contrôle d'une jeunesse patriotique aux idées politiquement correctes[5]. »

Au service de la culture patriarcale reflétée par le Parti lui-même, la propagande dénonce volontiers les ambitions excessives de ces femmes qui préfèrent leur carrière au mariage ; les « laissées pour compte » – les célibataires de plus de 25 ans – seraient au nombre de deux millions et demi.

La situation des femmes a pourtant beaucoup évolué sous l'effet du développement économique, de l'urbanisation du pays et de la féminisation des études universitaires. Si leur promotion reste limitée dans les sociétés publiques, les « entrepreneuses » comptent parmi les acteurs les plus puissants du secteur privé.

Quelques-unes des plus grandes fortunes chinoises sont désormais entre les mains des héritières : c'est le cas de Wahaha, le conglomérat industriel, comme celui de Country Gardens. À la tête de ce groupe, Yang Huiyan reste la femme la plus riche du pays même si sa fortune a fondu de 15 milliards de dollars en 2022, tout comme celle de Wu Yajun, une ancienne journaliste à l'origine de Longfor, un autre géant du secteur. En 2022, le classement *Hurun* comptait en Chine soixante-dix-huit femmes milliardaires contre vingt-cinq aux États-Unis et trois en Inde – elles sont cent vingt-quatre à l'échelle mondiale.

Comme beaucoup de leurs congénères masculins, certaines d'entre elles ont commencé dans la spéculation foncière avant de diversifier leurs activités en fonction des possibilités. C'est le cas de Zhao Yan, aujourd'hui la reine du botox et de l'acide hyaluronique, dont la Chine est l'un des premiers producteurs mondiaux. À 55 ans, Zhao Yan est aujourd'hui à la tête de Bloomage BioTechnology et d'une fortune de 8,5 milliards d'euros. Elle fait volontiers étalage de son patriotisme et de son soutien à l'Empereur. On remarque aussi l'ancienne directrice d'Uber en Chine, qui s'est lancée avec succès dans la cigarette électronique au point de faire coter sa société à New York avant le raidissement du régime. Ou encore la fondatrice de Luxshare, spécialisé dans les connecteurs électroniques – accusée un temps par un concurrent taïwanais de l'avoir copié de près –, important partenaire d'Apple, et dont le rôle dans la chaîne d'approvisionnement du géant américain s'est encore accru après les protestations anti-Covid qui ont ralenti le groupe Foxconn en 2022. Dans les services, on constate beaucoup d'initiatives prises et cédées à temps, comme Mobike pour la location de vélos, revendu à Meituan en plein boom des livraisons de repas. Le secteur pharmaceutique compte aussi plusieurs groupes florissants créés par des femmes ou par des couples associés dans la gestion des affaires. Ainsi les rois de l'élevage porcin, Qin Yinglin et Qian Ying, à la tête du Muyuan Foodstuff Co, régulièrement mentionnés parmi les dix premières fortunes chinoises. Ou les créateurs d'une chaîne de restaurants de fondue, Haidilao, avec leurs partenaires de Yihai, présents aujourd'hui dans une dizaine de pays...

La liste est longue de ces aventures qui attestent de l'ingéniosité et de la vitalité des entrepreneurs chinois. Mais aux yeux du régime, certains restent plus méritants et plus indispensables que d'autres.

11

Vrais patriotes et Petits Géants

Son retour au pays depuis le Canada, sur un vol Air China spécialement affrété par les autorités, a été célébré en septembre 2021 telle une victoire nationale. Meng Wanzhou, fille du fondateur de Huawei et ancienne directrice financière du géant chinois des télécommunications, a précisé à son arrivée qu'elle avait choisi pour l'occasion de porter une robe « couleur rouge Chine », sans préciser que le vêtement était signé d'un grand couturier américain. Depuis près de trois ans, elle vivait en résidence surveillée dans sa luxueuse propriété de Vancouver. Arrêtée en décembre 2018 alors qu'elle était à l'aéroport en transit vers le Mexique, elle était poursuivie par la justice américaine pour infraction aux sanctions contre l'Iran – Skycom, une filiale du groupe chinois, avait livré à Téhéran, malgré l'embargo, des équipements payés en dollars via la banque HSBC. L'affaire surgit au plus fort de la crise entre l'administration Trump et la Chine à propos de la technologie 5G. Grâce au pouvoir extraterritorial de sa devise, Washington exigeait l'extradition de la jeune femme, contraignant le gouvernement canadien à jouer les entremetteurs jusqu'au compromis de septembre 2021 : Huawei reste poursuivi, mais pas elle. Le même jour, Justin Trudeau annonçait solennellement la libération des « deux Michael » – l'ancien diplomate Michael Kovrig et l'homme d'affaires Michael Spavor, deux Canadiens détenus en Chine sous prétexte d'espionnage depuis près de trois ans dans des conditions particulièrement sévères. Huawei était une fois encore au cœur de la confrontation technologique entre Chinois et Occidentaux, vecteur majeur des tensions géopolitiques contemporaines.

Longtemps numéro deux mondial des smartphones et leader des équipements 5G, Huawei est périodiquement soupçonné d'être au service de la stratégie d'influence de Pékin, sinon de son système d'espionnage. Aucune preuve publique ne l'atteste à ce jour, même si plusieurs indices sembleraient le mêler à certaines des cyberattaques qui se multiplient contre les pays occidentaux. Depuis 2017, rappelons-le, la loi nationale chinoise sur le renseignement oblige les organisations et les individus à soutenir le travail des agents et à garder le secret sur leurs implications. Le groupe est aujourd'hui interdit d'opérer la 5G aux États-Unis, au Canada et en Australie, tandis que les pays européens restent divisés sur la question. Au Royaume-Uni, le gouvernement de Boris Johnson a décidé en 2020 de le bannir totalement de l'équipement des nouveaux réseaux. En revanche l'Allemagne s'appuie sur Huawei à hauteur de 57 % pour ses infrastructures en 4G et 59 % en 5G – preuve de la dépendance germanique à l'égard des marchés chinois. La France a choisi d'« inciter les opérateurs à ne pas l'utiliser » via un système d'autorisations préalables, explique en 2020 Guillaume Poupard, alors directeur de l'Agence nationale de sécurité des systèmes d'information. Voilà qui ne décourage pas l'entreprise chinoise de recruter d'anciennes personnalités politiques de tous bords au conseil d'administration de sa filiale française et de mener, avec plusieurs agences de communication, des campagnes de lobbying intenses. Un centre de recherches a été créé en plein Paris dans un ancien immeuble de France Télécom, et une usine de production de logiciels avec quatre cents emplois à la clé doit être construite près de Strasbourg.

Quels que soient les craintes ou les soupçons liés à la nature particulière de ses activités liées aux télécommunications, le groupe se défend en toutes occasions d'être le bras télécommandé du régime de Pékin. Ainsi, l'une des meilleurs experts français des problématiques asiatiques, Valérie Niquet, directrice Asie à la Fondation pour la recherche stratégique, a été poursuivie en diffamation pour avoir affirmé en 2019, au cours d'une émission sur France 5, que Huawei était « une entreprise particulière », placée comme toutes les autres firmes chinoises sous le contrôle du Parti communiste. « Ces affirmations sont totalement fausses, Huawei est une entreprise privée, détenue à 100 % par ses employés », avaient rétorqué ses représentants – leur plainte a été retirée en juillet 2022.

Huawei a été fondé en 1987 par un ancien colonel de l'Armée populaire de libération, Ren Zhengfei. Son expérience militaire imprègne la culture singulière de l'entreprise – une sorte de paternalisme autoritaire, très prisé de la première génération d'entrepreneurs chinois, basé sur le devoir de stricte obéissance et la dévotion absolue aux objectifs définis par le chef.

Né en 1944 dans la province rurale du Guizhou, Ren survit avec ses parents enseignants à la misère des débuts du régime maoïste – enfant, il organise lui-même le rationnement de la nourriture et des baies sauvages glanées dans la montagne pendant la grande famine des années 1959-1961. Il réussit à intégrer l'Institut d'architecture et d'ingénierie de Chongqing, mais le Parti lui reproche le passé de son père, ancien comptable d'une usine de masques à gaz à l'époque du Kuomintang. Avec deux chemises pour tout viatique, il s'engage alors dans le corps des ingénieurs de l'Armée populaire de libération. Transféré dans une usine de fibres chimiques puis un centre d'aviation où il met au point un système de communication, il rencontre sa première épouse, Meng Jun, dont l'entregent au sommet de l'aristocratie rouge va accélérer sa carrière et permettre son adhésion au Parti – sa fille aînée gardera le patronyme maternel. Démobilisé, il installe la famille à Shenzhen, face à Hong Kong, au moment où Deng Xiaoping proclame « l'ère de l'ouverture ». Après quelques tâtonnements, l'ancien militaire entreprend de racheter dans la colonie britannique des tableaux d'aiguillage téléphonique qu'il reproduit et améliore. En 1987 il divorce, épouse sa secrétaire, crée son entreprise et s'y consacre corps et âme. Comme l'expliquent Simon Leplâtre et Harold Thibault dans le portrait qu'ils lui consacrent dans *Le Monde* en 2019, « les deux caractères qui forment [le] nom [de la société] ont plusieurs sens : *hua* signifie à la fois « splendide » et « Chine », tandis que *wei* peut aussi bien se traduire par « réussite » que par « accomplissement ». De sorte que le nom complet « Huawei » est lui-même ambivalent, signifiant à la fois « splendides accomplissements » et « réussite chinoise »[1].

Juridiquement, l'entreprise appartient à un modèle singulier : le fondateur n'en détiendrait que 1 %, les employés, regroupés en syndicat, se partageraient le reste et toucheraient des dividendes, simple artifice puisque n'existent en Chine que des syndicats sous le contrôle du Parti – mais les registres des actionnaires sont cérémonieusement conservés sous verre dans une pièce dédiée au sein du quartier général. Ren met en place une discipline de fer, imposant un rythme de travail forcené compensé par des salaires généreux. Les cadres sont soumis à un système de rotation qui émousse les ambitions personnelles et empêche les successeurs putatifs : personne ne reste en place plus de cinq ans, et trois directeurs généraux alternent à la tête du groupe. Lui-même fait montre d'un style de vie résolument sobre – ce qui ne l'empêchera pas d'accompagner sa fille cadette, étudiante en informatique à Harvard, quand elle fera son entrée au « bal des débutantes » à Paris en 2018, et d'ouvrir aux photographes de *Paris Match* sa demeure palatiale à Shenzhen. Au moment où la plupart des milliardaires de la tech cherchent à se faire discrets, Ren décide de montrer sa puissance.

Depuis 2018, les tensions commerciales entre la Chine et les États-Unis se sont aggravées. L'administration Trump a déclenché une salve de sanctions contre plusieurs entreprises chinoises – spécifiquement en mai 2019 contre Huawei et ses sous-traitants, soupçonnés de participer étroitement à l'amélioration des capacités militaires du pays. Le groupe ne pourra pas déployer ses produits sur le marché américain, et Google doit interdire à ses smartphones l'accès au système d'exploitation Android et à toutes les applications liées. Ren Zhengfei annonce alors à ses employés que l'entreprise est « à un moment de vie ou de mort ». Le vieux militaire sonne la charge. Il leur envoie la photo d'un avion de combat soviétique visiblement mal en point, accompagnée de ce commentaire : « On ne naît pas héros, on le devient. Durant la Seconde Guerre mondiale, le célèbre IL-2 continua à voler, criblé de balles antiaériennes et de tirs de mitrailleuses d'autres avions. Si endommagé qu'il fût, il parvint à rejoindre sa base. » Il enjoint à ses troupes de former « des escouades de commandos » pour trouver des solutions sous peine de réduction de leurs salaires ou de licenciement pur et simple. « Si vous ne pouvez pas faire le job, alors faites place pour le passage de nos chars », ajoute-t-il. Ou encore : « Une fois que nous aurons survécu au point le plus critique de notre histoire, une nouvelle armée émergera. Pour quoi faire ? Dominer le monde[2]. » Volontiers prophétique est son annonce à ses salariés : « La décennie à venir sera une période très pénible de l'histoire de l'humanité. »

En 2020, à son apogée, Huawei affiche un chiffre d'affaires global de 80 milliards d'euros et cent quatre-vingt mille employés. Le nouveau campus de Dongguan, près de Canton, abrite des constructions imitées de différents styles d'architecture européens. À en croire le *Wall Street Journal*, la société aurait bénéficié au fil des années de la part du régime de quelque 75 milliards de dollars en subventions diverses pour accélérer son développement et installer la suprématie chinoise en matière de télécommunications – notamment aux dépens des européens Ericsson, Nokia ou Alcatel. Elle fait aussi partie des dix premières entreprises chinoises de vidéosurveillance – un secteur particulièrement favorisé par le régime pour équiper le marché intérieur et exporter à bas coût vers les pays amis en Afrique et ailleurs. La Chine compte trois cent soixante-douze caméras pour mille habitants – Huawei fournit en particulier une fonction « reconnaissance ethnique », utilisée dans la répression des minorités, Ouïghours en tête[3]. Le budget en recherche et développement atteint près de 15 % du chiffre d'affaires, les meilleurs talents étrangers sont embauchés à prix d'or. Huawei devient la première entreprise mondiale en nombre de brevets déposés.

Dès le déclenchement des sanctions américaines, l'entreprise accuse le choc, aggravé par la politique zéro Covid et le ralentissement économique. Baisse de 30 % du chiffre d'affaires, dégringolade des ventes de smartphones : l'entreprise doit se réinventer pour continuer à jouer son rôle en première ligne des champions technologiques soutenus par le régime. Si elle continue de percevoir d'amples redevances de la part d'Apple et de Samsung pour ses brevets 5G, l'heure est à la diversification. Portée par la vague de la maison et de la voiture intelligentes. Huawei veut développer ses propres capteurs haut de gamme, encore importés de l'étranger à hauteur de 80 %, ainsi que la technologie optoélectronique et l'imagerie à haute résolution 4K. Tout en continuant à fabriquer ordinateurs, tablettes, montres et autres objets connectés, l'entreprise s'est lancée dans le secteur de l'automobile avec l'ambition, selon la formule de son président actuel, de « maîtriser la chaîne de valeur sans pour autant construire de voitures ». En jeu, le segment des semi-conducteurs automobiles, considéré comme stratégique à la fois par les industriels et par le régime. L'évolution des activités de Huawei bien au-delà de la 5G et leur utilisation possible à des fins militaires renforcent la méfiance américaine. Début 2023, l'administration Biden restreint plus encore son accès aux technologies de pointe américaines : le département du commerce retire à plusieurs entreprises comme Intel et Qualcomm leurs autorisations d'exportation[4].

Elon Musk a remplacé Bill Gates au panthéon des entrepreneurs les plus admirés en Chine pour ses prouesses technologiques. Il a implanté à Shanghai une usine Tesla et en prévoit une seconde – la Model Y est le deuxième véhicule le plus vendu dans le pays, malgré un ralentissement dû à la vive concurrence des constructeurs locaux comme BYD et GAC. En revanche Stellantis, qui construisait des Jeep en partenariat avec ce dernier, a décidé de se retirer du marché chinois – en juillet 2022, son président, Carlos Tavares, justifiait sa décision en faisant État de « la politisation du climat des affaires en Chine », qui expliquerait la baisse significative des ventes de voitures étrangères sur ce marché. Selon lui, les tensions croissantes entre la Chine et les pays occidentaux risquent de « déboucher sur des sanctions croisées », menaçant à terme leurs intérêts économiques réciproques[5].

À plusieurs reprises au cours de l'année 2022, l'administration Biden, poursuivant sur ce plan la politique de son prédécesseur avec le plein soutien du Congrès, a invoqué des raisons de sécurité nationale pour freiner les transferts de technologie en direction de la Chine. Le Congrès a approuvé une série de mesures radicales. Le « CHIPS and Science Act » prévoit d'investir 280 milliards de dollars pour conforter la prééminence américaine en matière de puces électroniques. De nouveaux décrets de la Federal Communications Commission entravent davantage encore l'accès des entreprises chinoises au secteur névralgique des semi-conducteurs à usage civil ou militaire, visant en particulier YMTC, l'entreprise chinoise la plus en pointe en intelligence artificielle. Le premier producteur mondial de semi-conducteurs, le taiwanais TSMC, qui a aussi des usines en Chine, est pressé de délocaliser une partie de la production et doit ouvrir une grande usine aux États-Unis, en Arizona. En janvier 2023, le Japon et les Pays-Bas, siège d'ASML, se rangent aux côtés de Washington pour restreindre à leur tour leurs ventes de semi-conducteurs à Pékin. Industriels américains et étrangers utilisant des composants de fabrication américaine ont interdiction de vendre leurs produits à trente-six sociétés chinoises supplémentaires, suspectées de collaborer avec l'Armée populaire de libération. La liste noire américaine en compte désormais près d'une centaine, depuis Huawei jusqu'à de jeunes pousses nées dans les incubateurs d'entreprises ou d'universités encouragées par le régime. Parvenir à l'autosuffisance dans ce domaine, indispensable à toute avancée en intelligence artificielle, est désormais une obsession pour Pékin – sur l'une des chaînes de la télévision nationale, le héros d'une récente série à succès n'est autre qu'un ingénieur spécialisé dans les puces électroniques...

Zéro Covid, ralentissement économique, durcissement de la politique commerciale américaine, frilosité des investisseurs nationaux et étrangers face à la mainmise du régime sur les géants de l'e-commerce et de la technologie : avant d'aborder le XXe congrès du Parti, Xi Jinping comprend que la crise menace les ressorts de l'économie chinoise et par là même le contrat social avec la population. Affichant 3,2 %

en 2022, pour la première fois depuis des décennies, la croissance chinoise n'est plus la première d'Asie.

Au printemps, l'Empereur reçoit à Pékin plusieurs grands patrons ; le geste de bienveillance est remarqué. En décembre, l'autorisation est accordée à Tencent de développer de nouveaux jeux vidéo, y compris quelques-uns importés de l'étranger. Simple coup de pouce, ou inflexion durable ? L'ambition de Xi, explique l'économiste François Chimits, est de tenter une nouvelle fois « une troisième voie », alliant l'autorité réglementaire du parti-État, qui ne saurait être mise en question, et les forces du marché[6]. En janvier 2023, la stratégie apparaît clairement : l'autorité de régulation des marchés boursiers interdit dorénavant aux entreprises de l'agroalimentaire, de l'éducation et de la prévention anti-Covid de faire appel au marché ; les levées de fonds sont exclusivement réservées aux secteurs jugés stratégiques[7].

L'objectif : faire de la Chine une forteresse – c'est le terme consacré –, et accroître les capacités d'autosuffisance technologique de la deuxième économie mondiale. Le pays a beau avoir bénéficié beaucoup plus que d'autres de la globalisation des échanges, Xi Jinping considère que trop de sacrifices ont été consentis au libéralisme occidental. Depuis 2020, il promeut sa théorie de « la double circulation » : tout en continuant à répondre à la demande des marchés extérieurs et à développer les « routes de la soie » vers l'Europe et l'Afrique, le marché intérieur doit devenir autosuffisant.

Il s'agit dorénavant d'encourager l'entrepreneuriat numérique partout dans le pays, et d'abord dans les provinces jusqu'ici négligées par les grands groupes. Bienvenue aux « Petits Géants », appelés à grandir dans le cadre de l'orthodoxie idéologique qui prévaut désormais sur le pragmatisme des périodes précédentes. Près de neuf mille petites et moyennes entreprises ont reçu le label les rendant éligibles au soutien de l'État – le but est d'en désigner dix mille d'ici à 2025. Fini la « soft tech » des grandes entreprises de l'e-commerce orientées vers la consommation, accusées d'encourager la frivolité et les disparités sociales, place à la « hard tech » et aux nouvelles priorités industrielles, indispensables pour permettre à la grande nation chinoise de dépasser les États-Unis.

Pékin octroie des montants considérables dans l'espoir d'irriguer l'innovation dans toutes sortes de secteurs – plus de 150 milliards de dollars pour les semi-conducteurs, sans compter 25 milliards de dollars supplémentaires avancés par une quinzaine de gouvernements locaux. Ainsi Zhuzhou, une ville de quatre millions d'habitants dans la province enclavée du Hunan, quasiment désertée il y a trente ans à cause de la pollution chimique, est devenue en quelques mois un « hub » technologique avec une centaine d'entreprises impliquées dans la robotique, l'intelligence artificielle et la gestion des données. Même phénomène à Hefei, une ville de neuf millions d'âmes dans l'Anhui, l'une des régions les plus déshéritées du pays : plus de deux mille cinq cents compagnies ont surgi en un an. Les migrations sont encouragées vers les métropoles de l'intérieur depuis les zones côtières, privilégiées jusqu'ici par les géants tels Alibaba et Tencent pour leurs facilités de transport. Mais la tendance demeure : dans la seule région du Jiangsu, au nord de Shanghai, où le savoir-faire est abondant, plusieurs milliers d'entreprises ont reçu le label « Petits Géants »... Dans la plupart des cas, sans nécessairement maîtriser les compétences requises, les entrepreneurs sont soumis aux autorisations et aux encouragements fiscaux offerts par les autorités locales, soucieuses de faire du chiffre, au risque de retomber dans les vieux circuits du *guanxi* et du favoritisme politique. La main-d'œuvre qualifiée n'est pas suffisante, les programmes de formation accélérée annoncés par le gouvernement tardent à porter leurs fruits, le gâchis menace.

« Disons qu'ils ont déversé 500 milliards de dollars d'engrais pour récolter 5 000 de dollars de pommes, sourit Daniel Rosen, de Rhodium Group. Oui, il y a quelques résultats – peu pour le moment, sauf dans les secteurs qui avaient déjà décollé, comme les batteries électriques ou les télécoms[8]. »

« Sans doute faudra-t-il attendre quelques années pour en juger, tempère Duncan Clark. Il est certain que le programme se prête à beaucoup de fraudes... En fait, de nombreux gouvernements locaux, dont les finances ont été asséchées par le zéro Covid, y voient une manne bienvenue pour se remettre à flot[9]. »

Le régime parie sur de nouveaux champions numériques, publics, semi-privés ou privés, travaillant sur l'amélioration des chaînes de valeur au sein d'entreprises existantes dans l'acier, la chimie ou la pharmacie. À la différence de leurs aînés de l'e-commerce, ils sont censés contribuer à un meilleur partage de « la prospérité commune », tel que le veut le Parti, et rester fidèles à ses objectifs. Le recours, sinon la dépendance à l'expertise étrangère restent importants, malgré la méfiance croissante des entreprises et des universités occidentales à l'égard de l'espionnage industriel.

Pour occuper les quelque deux cent quatre-vingt-dix millions de travailleurs migrants, Pékin lance à nouveau de grands projets d'infrastructure, notamment dans les énergies renouvelables, solaire et éolienne, pour remédier à la dépendance du pays aux importations de pétrole et de gaz. « Notre bol de riz énergétique doit être tenu dans nos propres mains », a décrété Xi Jinping lors d'une visite très médiatisée sur une plateforme pétrolière. Le solaire, en particulier, a beaucoup progressé, et vise le leadership mondial. L'agriculture compte également parmi les priorités avancées – pour accroître la production et le rendement céréaliers, des cultures génétiquement modifiées sont désormais encouragées, favorisées par l'acquisition par la Chine du groupe suisse Syngenta.

Reste la jeunesse. La Chine compte deux cent quatre-vingt-onze millions d'écoliers et d'étudiants. Les multiples contraintes du zéro Covid ont complètement désorganisé l'éducation publique, rendant plus précaire encore le sort des moins favorisés – beaucoup d'enfants de travailleurs migrants ont ainsi été séparés de leurs parents et confiés aux grands-parents dans les zones rurales depuis le début de la pandémie, sans facilités de connexion pour suivre l'école à distance, et les inégalités sociales se sont encore aggravées. Que faire des 20 % de diplômés frais émoulus des universités qui ne trouvent pas d'emploi, et moins encore de rémunération à la hauteur de leurs attentes ? Les géants de l'e-commerce n'embauchent plus – mis sous coupe réglée, ils licencient. Les grands groupes immobiliers sont plus ou moins en faillite. Les sociétés spécialisées dans l'éducation, qui employaient nombre de jeunes enseignants, disparaissent ou tentent de se reconvertir. Les solutions sont rares : prolonger les études, si les parents peuvent les financer, ou tenter les concours de la fonction publique – près de deux millions six cent mille personnes s'y sont inscrites pour un nombre limité de postes disponibles et peu rémunérés. Les jeunes issus des filières techniques trouvent plus facilement des opportunités, mais ces formations restent mal considérées par les familles de la classe moyenne, qui s'attendent à une amélioration continue du statut social et du niveau de vie, surtout pour leurs propres enfants.

> Il ne faut pas attendre de cette génération un sursaut politique comme vous l'entendez en Occident, affirme Ai Weiwei, sculpteur, photographe, cinéaste

> de grand talent qui vit en exil depuis 2015. Ces jeunes ne pensent qu'à leur nombril, ils ont été élevés dans un lavage de cerveau permanent et efficace pour s'inscrire dans cette société soi-disant « patriotique ». Il n'y a pas de véritable idéologie dans tout ça, juste de l'égoïsme. Ils n'ont pas de point de vue sur le monde, ils ne comprennent rien à l'humanité, ils n'ont pas de pensée stratégique ou philosophique, c'est impossible en Chine. C'est donc une génération bizarre qui ne sait rien et qui en est très fière, une génération arrogante de ce qu'elle ignore[10].

Certains d'entre eux ont trouvé la solution : ils restent couchés. Le mouvement est apparu sur les réseaux sociaux dès 2020 avant de prendre de l'ampleur l'année suivante au travers du concept de *tangping* – littéralement « couché à plat ». Alors que la nouvelle génération, biberonnée à la propagande, affiche volontiers un nationalisme agressif, ces jeunes-là rejettent les horaires contraints, le 9-9-6 et les soixante-douze heures de travail par semaine, la compétition à tout prix, les responsabilités du mariage, des enfants, de la famille, du voisinage, de la propriété… Leurs revendications ne sont pas politiques, elles sont sociétales – le refus de se conformer au système tel que leurs parents et grands-parents l'ont forgé tout en s'extrayant de la misère, sans liberté mais avec un confort matériel accru. Parfois ils se réfèrent au bouddhisme – jamais déçus puisque sans attentes ; d'autres se font plus provocants : « Rester couché, c'est se tenir debout horizontalement ; c'est prouver qu'on a une colonne vertébrale[11] », peut-on lire sur Weibo. Comment réagir face à des groupes en ligne qui rassemblent tout à coup plus de deux cent quarante mille personnes ? La censure officielle a d'abord interdit tout échange sur un thème jugé menaçant pour la stabilité sociale et insultant au regard des ambitions du régime. Pris au dépourvu, le Parti a vertement condamné cette débauche de paresse et de renoncement, visant en particulier les marques commerciales qui se précipitaient pour promouvoir vêtements et jeux vidéo. Certains commentateurs ont néanmoins souligné les avantages idéologiques : ce refus du consumérisme et des inégalités sociales, ce ralentissement des exigences du toujours plus, toujours mieux... Le mouvement ne va-t-il pas dans le sens des évolutions voulues par l'Empereur ?

Lassitude, incompréhension et tout à coup la colère, les manifestations, et les feuilles de papier blanc brandies comme un cri – le blanc, la couleur du deuil en Chine... Près de trois ans après l'apparition d'un nouveau coronavirus à Wuhan, trois ans de tests obligatoires, de quarantaines et de confinements à répétition, trois ans sans pouvoir quitter le pays, sans voyager facilement même pour voir la famille en province, trois ans sans étudier normalement, trois ans de contraintes de plus en plus insupportables, des Chinois de toutes conditions, surtout des jeunes des grandes métropoles, Shanghai, Pékin, Chengdu, Wuhan, Canton, des étudiants des plus prestigieuses universités mêlés à des ouvriers migrants, sont descendus dans la rue. Stupéfaits, ils ont vu à la télévision, lors de la cérémonie d'ouverture de la Coupe du monde de football au Qatar, des milliers de spectateurs sans masque. « Vivons-nous sur une autre planète ? Est-ce la Chine qui se coupe du reste du monde ou le reste du monde qui ne veut plus de la Chine ? » s'exclament-ils sur WeChat avant que leurs commentaires ne soient rapidement effacés par les censeurs. Dès le lendemain, les chaînes chinoises auront pour consigne de ne diffuser que des images des joueurs. Le 25 novembre 2022, la nouvelle d'un incendie mortel à Urumqi, la capitale du Xinjiang, débride brutalement la colère : dix corps dans un immeuble dont les issues de secours avaient été scellées pour respecter les consignes zéro Covid. Les réseaux sociaux s'enflamment, un peu partout dans le pays les automobilistes donnent du klaxon, les manifestants se regroupent, les forces de sécurité prennent position, les images captées par des centaines de téléphones font le tour du monde. Depuis trente-trois ans, depuis Tiananmen en 1989, il s'agit bien là de la protestation la plus importante que le régime ait à affronter. Les vidéos sont aussitôt censurées en Chine, et l'énorme appareil sécuritaire se met en branle. Pendant deux jours, feuilles blanches à la main, ce seront des harangues pour dénoncer les tests PCR et la censure, des cris contre le régime et contre l'Empereur lui-même, des bougies allumées, l'*Internationale* reprise en chœur, des échauffourées, peu de vraies bagarres – comme si les quelques centaines de protestataires calculaient d'instinct la marge de tolérance policière. Des arrestations, des portables confisqués, des interrogatoires musclés, puis tout semble rentrer dans l'ordre. Les jeunes s'étonnent le lendemain de leur propre audace et la propagande officielle dénonce allègrement « une révolution de couleur » manigancée depuis l'étranger – le régime de Xi, comme celui de Poutine, décline à l'infini la même référence au Maïdan ukrainien de 2004. Tout semble rentrer dans l'ordre, et pourtant tout va changer.

Quelques jours plus tard, sans crier gare, les autorités de plusieurs grandes villes desserrent les contraintes anti-Covid : fin des tests exigés dans les transports en commun, quarantaine chez soi si nécessaire et non plus dans un centre de soins. Le 1er décembre, recevant à Pékin le président du Conseil de l'Union européenne, Charles Michel, le président chinois, dans un rare moment de transparence, confie que les manifestations étaient dues aux « frustrations des étudiants après trois ans de zéro Covid ». De toute façon, ajoute-t-il, ce variant Omicron, qui déjà se propage à toute allure, est une forme bénigne du virus…

Le 7 décembre, à l'échelle du pays entier, l'appareillage qui permettait au régime de contrôler le respect des règles imposées depuis près de trois ans et de resserrer plus encore la surveillance de la population disparaît du paysage : plus de guérites dans les rues pour tester à tour de bras plusieurs fois par jour, plus l'ombre d'un « grand blanc » en combinaison intégrale pour inspecter de force le domicile, plus de barricades autour des immeubles suspects ou de quartiers entiers, plus de code vert sur son téléphone pour accéder à un bâtiment public, plus de centres improvisés dans des baraquements à l'écart des grandes villes pour isoler les cas contacts, et même les cas contacts de cas contacts… Très vite aussi, plus aucune statistique officielle, plus aucun chiffre, aucune indication sur le nombre de malades et de décès.

Le Covid-19 déferle sur la Chine.

Au moment où Xi Jinping aborde le troisième mandat de son règne, l'économie est en berne et le régime doit faire face au plus implacable et au plus sournois des ennemis : le coronavirus.

12

Plus rouge que rouge

Enfin l'Empereur est sorti du silence.

Le 26 décembre 2022, trois semaines après l'assouplissement soudain des contrôles anti-Covid, Xi Jinping signe un communiqué pour célébrer – l'ironie est fortuite – le soixante-dixième anniversaire du « mouvement patriotique pour l'hygiène » : il convient désormais de prendre les mesures nécessaires pour « protéger efficacement la vie de la population » dans le cadre d'« une campagne de santé patriotique plus ciblée pour bâtir un rempart solide contre l'épidémie ». Deux mois plus tôt, en octobre 2022, dans son discours d'ouverture du XXe congrès, le chef de l'État-parti affirmait encore : « Nous avons maintenu la politique dynamique zéro Covid et mené une guerre populaire et globale contre l'épidémie, de sorte que la vie et la santé de notre population ont été protégées au maximum. » Il était hors de question, à ce moment clé pour le régime, de reconnaître les incohérences et l'inefficacité croissante de sa politique. Quelques milliers de morts et de contaminations plus tard, en décembre, dans son allocution de fin d'année à la télévision, celui qui, en 2020, avait ajouté à ses fonctions le titre de « commandant en chef de la guerre du peuple contre le Covid-19 » adopte un ton moins péremptoire : « Cela n'a été facile pour personne. Actuellement, la lutte contre le Covid-19 est entrée dans une nouvelle phase qui demande toujours un travail assidu. Chacun d'entre nous persévère dans l'effort, et l'espoir se dessine devant nous. Redoublons d'efforts, car la persévérance et la solidarité nous conduiront à la victoire. » Plus surprenant, il ajoute : « Dans un pays aussi grand que la Chine, il est naturel que chacun ait des aspirations et des points de vue différents. Il est important de réunir le consensus à travers des échanges et des consultations. Lorsque les plus de 1,4 milliard de Chinois sont unis dans la même volonté et le même engagement et travaillent solidairement, il n'y a pas de mission impossible ni de difficulté insurmontable. »

En quelques nuits, dans les grandes villes de Chine, d'immenses panneaux ont changé leurs slogans : fini « La victoire du peuple sous la clairvoyante direction du camarade Xi », place à « Privilégier l'économie à tout prix » et « Chaque personne est individuellement la première responsable de sa santé ». Dans certaines régions, il est même conseillé aux citoyens légèrement atteints de retourner au travail. De toute façon, explique la presse officielle, il ne s'agit plus que de surmonter une « grippe », et non plus de vaincre « l'ennemi commun ».

La propagande ne sait plus à quel saint du régime se vouer. Typique de cet humour que les Chinois cultivent en toutes circonstances, une plaisanterie a circulé quelque temps sur les réseaux sociaux, avant que les censeurs ne reprennent leurs esprits. Trois hommes discutent en prison des motifs de leur arrestation : j'étais contre les tests Covid, dit le premier ; j'étais pour, réplique l'autre ; j'étais en train d'en faire un ! s'exclame le troisième... Les canons du récit officiel s'imposent rapidement : disparition de l'expression « zéro Covid » ; interdiction de faire allusion à la situation dans les hôpitaux, surchargés, dépourvus des équipements nécessaires, médecins et personnel soignant contaminés à leur tour ; inutile de déplorer la disparition, dans les pharmacies, du paracétamol et de médicaments de base ; impossible de donner la parole aux familles éplorées faisant la queue pendant des heures devant les crématoriums débordés... Comme d'habitude, les médias ne font état que des bonnes nouvelles : dès le 8 janvier, les frontières s'ouvrent enfin, le pays n'est plus claquemuré, les Chinois peuvent à nouveau voyager et fêter là où ils le désirent, le 22 janvier, la nouvelle année lunaire sous le signe du Lapin d'eau ! Par millions, ils participeront enfin à la grande transhumance rituelle, fatigués, heureux d'être libérés de si longues entraves, faisant fi du virus, au risque d'en accélérer spectaculairement la propagation.

Le dogme a changé. Face à l'impossibilité sanitaire, sociale et économique de contenir le Covid-19, le régime a fait le pari d'un variant moins létal et d'une contamination massive de la population pour atteindre le niveau d'immunité collective obtenu dans les pays occidentaux et dans le reste du monde asiatique depuis plus d'un an. Effacées, les grandes envolées de la propagande accablant l'incurie de nos démocraties « décadentes », diffusant à loisir les reportages sur nos hôpitaux désorganisés et nos pharmacies vides, trafiquant les images pour qu'à Rome les Italiens semblent applaudir les convois d'aide chinoise[1]... Oubliées, les vociférations des dignitaires du régime, fonctionnaires et diplomates mués en « loups combattants », exaltant la supériorité intrinsèque du communisme pour promouvoir le grand récit national sur les médias et les réseaux sociaux du monde entier. Le président chinois n'avait-il pas décrété à l'automne 2020, lors de son intervention par vidéo à l'Assemblée générale des Nations unies que « le Covid-19 est un test majeur de la capacité de gouvernance des pays... » ?

Si aucun d'entre eux ne peut s'enorgueillir d'avoir immédiatement trouvé la parade face au SARS-CoV-2, à l'exception sans doute de Taïwan, la Chine paie au prix lourd l'hubris de ses dirigeants et l'incohérence de leur politique. Début 2020, après quelques semaines de déni tant les autorités de Wuhan rechignaient à faire état d'une forme étrange de pneumonie et préféraient maintenir les festivités prévues par le Parti avant le Nouvel An, Pékin sidérait le monde en organisant avec succès le confinement de villes et de provinces entières.

La mise au point de deux vaccins, avec le concours des laboratoires de l'armée, présageait une stratégie de prévention efficace. Las, la vaccination a été réservée à une population ciblée – en priorité les douaniers et les manutentionnaires d'importation de produits surgelés –, tant il était impératif de maintenir la fiction d'un virus « venu de l'étranger[2] ». Paradoxe : dans ce système où la contrainte est de règle, il n'a jamais été question de la rendre obligatoire, ni même de l'imposer aux plus fragiles. Les personnes âgées ont été encouragées à recourir à la médecine traditionnelle : faute de médicaments contre la fièvre, alors que la Chine est pourtant le premier producteur mondial de paracétamol, place au chèvrefeuille, à la rhubarbe, aux noyaux d'abricot assortis de plantes diverses tels qu'on les mélange depuis deux mille ans. Résultat : alors que la Chine compte plus de cent quatre-vingt-dix millions de personnes de plus de 65 ans, une minorité d'entre elles ont été vaccinées – seuls 40 % des Chinois de plus de 80 ans ont reçu les doses nécessaires. Faut-il y voir un signe du respect dû aux vieillards – dans la culture chinoise, on ne saurait les y contraindre ? Au moment de la volte-face des autorités, le taux de vaccination globale se situait autour de 10 % de la population. Pire encore, les injections de Sinopharm et Sinovac ne sont pas suffisamment efficaces, et les laboratoires nationaux n'ont pas encore réussi à maîtriser l'ARN messager. Pas question néanmoins de perdre la face : l'importation de vaccins étrangers reste tout simplement prohibée. Au fil des mois, les

Chinois les plus riches ont tenté de les obtenir à Macao quand ils ne pouvaient se rendre à Singapour ou à Séoul. En 2022, le cadeau le plus prisé aux fêtes de fin d'année : des comprimés de Paxlovid, de Pfizer, échangés à prix d'or, dont l'importation était autorisée depuis février 2022.

Outre le bilan humain, le dérèglement du système éducatif, le ralentissement économique, le coût de la politique zéro Covid est exponentiel : les montants requis pour l'appareillage nécessaire en matière de personnel et de contrôle continu, la surveillance électronique, fût-ce par drones naviguant entre les immeubles d'habitation, les tests, consommés en quantités gigantesques, auraient dépassé en 2021 les 250 milliards de dollars, soit 1,5 % du PIB. Autant de ressources qui n'ont pas été investies dans la santé publique et les hôpitaux des provinces rurales et des mégalopoles, dont les carences sont choquantes, ni dans un système social qui reste précaire pour le plus grand nombre. La seule solution qui s'offre alors au régime est d'interdire les chiffres – à commencer par le nombre des victimes.

Reste l'essentiel au regard de l'intense personnalisation du pouvoir : épargner l'Empereur, éviter toute éraflure sur le masque de celui qui, en mars 2023, selon le calendrier traditionnel, doit être reconduit à la présidence de l'État, tandis que seront mis en place le Bureau politique du Comité central, remanié lors du précédent congrès, et le nouveau gouvernement.

Un détail a frappé les « pékinologues » lors des vœux télévisés de Xi Jinping, fin décembre 2022. Alors qu'il fait face aux caméras, cravate rouge et cheveux striés de gris devant une image stylisée de la Grande Muraille, on aperçoit en médaillon, au milieu des photos de famille traditionnelles, un cliché du jeune Xi aux côtés de ses deux prédécesseurs, comme s'il voulait délibérément s'inscrire dans leur sillage : Hu Jintao, pourtant sorti sans cérémonie lors du congrès d'octobre, et Jiang Zemin.

Ce dernier est mort fin novembre 2022, au lendemain des manifestations qui avaient pris le régime au dépourvu. L'occasion pour l'Empereur d'organiser des funérailles nationales grandioses et de rendre hommage à ce « dirigeant d'exception » qui s'est « résolument opposé » aux « graves troubles politiques qui se sont produits dans le pays au tournant du printemps et de l'été 1989 ». Une cérémonie et trois minutes de silence dans tout le pays, destinées à prouver l'unité du Parti, la solidité des institutions, mais aussi l'adhésion de la nation – les Chinois seront nombreux, même à Hong Kong, à saluer la mémoire du président défunt, une fleur blanche à la main, alors qu'il n'était pas réputé pour sa souplesse idéologique. Nostalgie d'un passé embelli, d'une époque de croissance économique continue, de relative liberté d'entreprendre, d'une vie meilleure sans Covid, et sans doute d'une autre façon d'incarner le pouvoir ?

Au moment où tant de familles chinoises sont à l'épreuve de la maladie et de la mort, le prestige et l'autorité de Xi Jinping sont nécessairement ébréchés. Il est difficile au Parti de dissimuler la disparition de certains de ses notables, de cadres à la retraite ou de membres de leur famille quand leur notoriété dépasse celle de citoyens ordinaires. Publiées par leur université ou leur compagnie, les annonces de décès de professeurs, de chanteurs d'opéra ou d'entrepreneurs renommés se multiplient. Difficile aussi, malgré l'efficacité de la censure, de canaliser les flots de questions qui inondent les réseaux sociaux sur le calendrier choisi par le régime pour ouvrir les vannes et sur l'impréparation du système face aux conséquences. La colère déborde sur Weibo et Douyin, le TikTok local : pourquoi nous avoir infligé si longtemps des mesures inutiles ? Des boucles s'organisent en ligne pour partager le peu de médicaments disponibles. Sans ordres clairs venus d'en haut, les autorités locales improvisent. La consommation ralentit, la désorganisation frappe les circuits de distribution, le chaos s'installe comme aux premiers jours de la pandémie.

Le calcul de Xi Jinping et des fidèles qu'il a promus au sommet du pouvoir apparaît clairement. Puisque Omicron et ses variants ont eu raison de la stratégie zéro Covid, autant sauver la face, ouvrir les vannes et attribuer à l'épidémie la chute de la croissance – c'est bien la première préoccupation du régime, confirmée, semble-t-il, à la mi-décembre 2022, lors des réunions du Bureau politique du Comité central et de la Conférence centrale sur le travail économique. Le ton a changé. Plus question de crier haro sur les grandes entreprises, de dénoncer « le développement désordonné du capital » dont seraient coupables leurs dirigeants : le moment est venu, décide le Parti, que « les responsables à tous les niveaux se préoccupent de résoudre les problèmes et les questions pratiques pour les sociétés privées, de construire une relation étroite mais non corrompue entre le gouvernement et le business ». Il s'agit bien là, notent les experts du centre de recherches Asia Society, de « la déclaration la plus positive et la plus autorisée affirmant la légitimité politique et idéologique du secteur privé depuis l'arrivée au pouvoir de Xi Jinping[3] ». Le compte-rendu va même jusqu'à souligner le besoin pressant de développer le secteur numérique pour créer des emplois et affronter la concurrence internationale tout en attirant à nouveau les investissements étrangers. En guise de rappel, il est néanmoins recommandé de « se conformer à la Pensée de Xi Jinping sur le socialisme aux caractéristiques chinoises pour pleinement accomplir les directives du XXe Congrès et poursuivre la voie chinoise vers la modernisation ».

Début janvier 2023, au soulagement des dirigeants et des investisseurs, les autorités annoncent que « la campagne de rectification » de quatorze grandes plateformes d'Internet est officiellement terminée, même si le dispositif de contrôle via les « golden shares » attribuées de force aux agences publiques reste en place. Leurs cours de Bourse rebondissent aussitôt, mais aucun grand nom du capitalisme chinois ne se hasarde à applaudir publiquement. « La

Chine est de retour ! Elle ouvre grand ses portes ! » proclame à Davos Liu He, le vice-Premier ministre sortant, chargé d'amadouer les Occidentaux et de restaurer une confiance sérieusement ébranlée dans la fiabilité des règles du jeu à la chinoise. Ni Jack Ma, qui fut longtemps la grande vedette du Forum, ni aucun autre grand patron chinois n'étaient présents. La reprise en main idéologique, les brimades infligées à la plupart des milliardaires rouges, les énormes montants évaporés en termes de valeur boursière – autant de facteurs, toujours vifs dans les mémoires, qui découragent investisseurs et entrepreneurs étrangers. Selon la chambre de commerce de l'Union européenne à Pékin, 23 % de ses membres envisagent de quitter le pays pour installer leurs usines ailleurs en Asie[4]. Si l'économie mondiale a besoin d'un rebond chinois, les experts s'interrogent sur son ampleur dans un contexte sanitaire et social aussi troublé.

Le Parti opte pour l'humilité. Sur plusieurs chaînes de télévision, apparaît en janvier 2023 une série où un jeune et séduisant responsable communiste, nommé dans une province déshéritée, s'interroge pendant vingt-quatre épisodes sur la meilleure conduite à tenir face aux problèmes de ses administrés. Sa modestie, son style de vie austère, sa capacité à détecter le moindre signe de corruption chez ses camarades, son respect affiché pour les anciens – si le scénario ne fait pas honneur aux capacités d'imagination des services centraux de la propagande, le message est clair : le Parti est bon, et ne se préoccupe que du bien du peuple. L'Empereur n'est jamais nommément cité, mais ses admirateurs reconnaîtront sans peine plusieurs de ses slogans et de ses discours les plus fameux[5].

C'est le moment d'offrir à la société chinoise si longtemps comprimée des espaces de respiration, de délivrer à nouveau des passeports, d'encourager les déplacements à l'intérieur comme à l'extérieur des frontières. Quel que soit le nombre de morts au printemps, le sursaut de la consommation, le redémarrage de l'appareil productif, le regain d'énergie collective devraient effacer le cauchemar et rétablir la deuxième économie du monde sur un axe ascendant.

En attendant, il importe de distraire l'opinion en insistant sur l'arrogance de ces pays qui imposent des tests sanitaires aux voyageurs chinois, en organisant de nouvelles manœuvres aéronavales autour de Taïwan, en réitérant le soutien à Vladimir Poutine en pleine guerre d'Ukraine…

Si la politique de Pékin à l'égard de Moscou ne cesse d'intriguer et d'inquiéter les responsables occidentaux, il est fort à parier que l'analyse des sanctions infligées à l'économie russe – en particulier l'exclusion du système bancaire Swift – tout comme les difficultés de l'armée russe à venir à bout de l'héroïsme ukrainien poussent le régime chinois à temporiser. Les leçons de la guerre d'attrition influencent la doctrine militaire. Selon la plupart des experts, la question de Taïwan n'impose pas d'urgence mais elle est indispensable à l'exaltation du nationalisme chinois, elle justifie les budgets considérables accordés chaque année à l'Armée populaire de libération, la priorité absolue accordée aux nouvelles technologies, particulièrement dans le domaine des semi-conducteurs et de l'intelligence artificielle. N'est-ce pas sur ce front-là que la course, sinon la guerre, technologique avec les États-Unis est d'évidence engagée ? Les frontières entre les multiples usages du numérique – civil, gouvernemental, militaire – sont désormais brouillées. Jake Sullivan, le conseiller à la sécurité nationale du président américain, le martèle à l'envi : l'objectif de Washington est d'empêcher coûte que coûte la Chine de dépasser les États-Unis et de continuer à la distancier. Est-ce pour autant dans leur intérêt de voir l'économie chinoise s'affaiblir au point d'accroître les risques de récession mondiale[6] ? interroge l'ancien Premier ministre australien Kevin Rudd, fin connaisseur des problématiques de l'Indopacifique.

Voilà le duel entre superpuissances englué dans les contradictions de la globalisation. Le cas de TikTok est exemplaire : 60 % du capital de ByteDance sont en fait détenus par des fonds américains comme BlackRock, Fidelity et General Atlantic – le patron de ce dernier siège au conseil d'administration. Plus de deux cent soixante sociétés chinoises sont cotées aux États-Unis ; un accord est intervenu à la fin 2022, accordant au gendarme boursier américain la possibilité de les soumettre à un audit complet sous peine d'exclusion. Les milliardaires rouge n'entendent pas renoncer aux facilités du système capitaliste. De son côté la Chine durcit la protection de leurs données au nom de la sécurité nationale, et la Banque centrale chinoise presse les plateformes de s'en dessaisir au profit d'établissements publics.

Ce n'est pas un hasard si l'équipe qui dirige désormais l'empire du Milieu compte davantage d'ingénieurs que de technocrates. Les six hommes qui, sous l'autorité de Xi Jinping, composent le comité permanent du Parti lui sont tous attachés par des liens anciens de fidélité et de subordination – ils ont été ses collaborateurs dans ses différents postes en province et à Shanghai avant qu'il n'atteigne lui-même le sommet du système. Le nouveau Premier ministre, Li Qiang, passe pour un bon économiste, qui a géré aux côtés de Xi Jinping la prospère province du Zhejiang avant de devenir le patron du Parti à Shanghai, où il a appliqué d'une main de fer les règles zéro Covid au risque d'abîmer à jamais son image auprès de ses anciens administrés. Au moment où le régime change de ton à l'égard du secteur privé, il a la réputation d'être ouvert aux préoccupations des entreprises. Face aux immenses défis qui plombent l'économie chinoise, l'Empereur lui laissera-t-il les mains libres, ou sera-t-il enfermé dans la gangue de l'idéologie ? Le pragmatisme paraît de rigueur, la conjoncture l'impose. Fonctionnant dans une opacité qui résiste aux experts les plus perspicaces, le pouvoir s'installe dans de nouveaux rapports de force.

Jamais depuis la fondation du régime un président chinois n'a à ce point incarné l'autorité absolue du Parti, ni disposé de tels moyens pour imposer ses volontés à l'appareil politico-administratif – la volte-face sur la gestion du Covid-19 le démontre jusqu'à la caricature. Devenue la deuxième économie mondiale en un temps record grâce au talent de ses entrepreneurs, à son énorme marché intérieur, à l'appétit des investisseurs occidentaux et à ses capacités d'innovation, la Chine dispose de groupes industriels et technologiques d'une puissance considérable. Les voilà contraints à travailler davantage pour l'intérêt national plutôt que leur seul profit, et à s'aligner davantage sur les priorités telles que l'Empereur les a définies.

L'obsession de Xi Jinping, renforcée tout au long des dix premières années de son règne, demeure la sécurité. C'est le terme le plus fréquemment mentionné dans chacun de ses discours, qu'il évoque les menaces intérieures ou les périls étrangers. « Préparons-nous à affronter des vents violents et des mers démontées ! » a-t-il lancé à la clôture du XXe congrès du Parti. Serait-ce ces vents qui ont dérouté dans l'espace aérien américain, au-dessus des bases de missiles nucléaires situées dans le Montana, le ballon d'observation chinois abattu le 4 février 2023 par un avion de chasse américain ? Il s'agissait d'études météorologiques, répond Pékin dans un moment d'embarras avant de dénoncer avec virulence « l'agressivité de ceux qui utilisent l'incident comme un prétexte pour attaquer et diffamer la Chine ». Les timides tentatives de normalisation des rapports entre Pékin et Washington sont au point mort, le secrétaire d'État américain annule sa visite, les relations se tendent à nouveau. Après la sortie chaotique du zéro Covid, les observateurs s'interrogent une fois encore sur le fonctionnement du pouvoir chinois et le contrôle des initiatives de l'appareil technico-militaire[7].

En 2015, lors de son premier mandat, l'Empereur avait assigné au pays l'objectif d'atteindre d'ici 2025 l'autosuffisance technologique dans plusieurs domaines clés. Son vœu semble compromis. En déclin démographique, la Chine subit pour la première fois en quarante ans un ralentissement de sa croissance économique. Mais l'ambition demeure, partagée par ses grands capitaines d'industrie et par une immense majorité de Chinois, portés par la leçon des générations précédentes, imprégnés du nationalisme enfiévré que leur transmettent leur éducation et leur propagande : la Chine entend toujours devenir la première puissance du monde d'ici à 2049, et marquer ainsi le centenaire de l'arrivée au pouvoir de Mao Zedong.

La confrontation avec les États-Unis durcit. Les risques et les tentations de découplage entre les systèmes d'information augmentent au rythme des avancées et des enjeux croissants de l'intelligence artificielle. Pour éviter le face-à-face avec Washington, Pékin veut améliorer ses relations avec Bruxelles et avec ses principaux partenaires commerciaux. Nous autres Européens n'échapperons pas à des choix de plus en plus difficiles pour définir et défendre nos propres intérêts, économiques et stratégiques. Encore faut-il mieux comprendre à qui nous avons affaire.

Remerciements

Ma gratitude va d'abord à Noé Hirsch, fondateur du média EastIsRed, dont les connaissances, la curiosité et la maîtrise du mandarin m'ont grandement aidée à retracer le parcours des milliardaires rouges.

Que soient remerciés, pour leur soutien et leurs analyses :

Richard Bernstein, Antoine Bondaz, François Chimits, Duncan Clark, Alice Ekman, Peter Frankopan, François Godement, Françoise Nicolas et Daniel Rosen.

Grâce à France Culture, j'accueille régulièrement le samedi matin, dans mon émission « Affaires étrangères », les meilleurs spécialistes qui ne cessent d'alimenter la réflexion sur les thèmes traités dans cet ouvrage. Je leur en suis reconnaissante.

Et j'embrasse celles et ceux qui ont contribué à ce livre en préférant ne pas être nommés, à commencer par mes amis chinois de Pékin, de Hong Kong et d'ailleurs.

Notes

Préambule.
Le sacre

1. *The Economist*, 13 août 2022.

1
Enrichissez-vous !

1. Tania Branigan, *Red Memory: Living, Remembering and Forgetting China's Cultural Revolution*, Faber, 2023 ; *The Financial Times*, 25 janvier 2023.
2. *Le Monde*, 18 novembre 2021.
3. EastIsRed.
4. *Courrier international*, 20 mars 2003.
5. Éditions Saint-Simon, 2022.
6. Éditions Saint-Simon, 2011.

2
Une affaire de couple

1. EastIsRed.
2. EastIsRed.
3. *The Financial Times*, 10 septembre 2021.
4. *New York Times*, 8 septembre 2022.

3
Jack Ma, l'ivresse d'un empire

1. Duncan Clark, *Alibaba: The House that Jack Ma Built*, Harper Collins, 2018.
2. Entretien avec l'auteur, 6 janvier 2023.
3. Duncan Clark, *Alibaba: The House that Jack Ma Built*, ouvr. cité.
4. *Le Monde*, 9 septembre 2018.
5. Duncan Clark, *Alibaba: The House that Jack Ma Built*, ouvr. cité.
6. Christine Ockrent, *La Guerre des récits*, Observatoire, 2020.
7. *The Financial Times* et *Le Monde*, 23 avril 2021.
8. Conversation avec l'auteur, 25 octobre 2022.
9. *The Financial Times*, 21 novembre 2022.
10. *Ibid.*

4
Les mouches, les tigres et les renards

1. *The Economist*, juin 2021.
2. *Le Monde*, 2 août 2019.
3. *Ibid.*
4. *Esprit*, novembre 2022.
5. « Gorbatchev : derrière les condoléances, le web chinois déchire le leader soviétique », EastIsred, 31 août 2022.
6. *New York Times*, 12 février 2022.
7. *Libération*, 2 avril 2015.
8. Lire le remarquable roman de Dong Xi, *Destin trafiqué* (Actes Sud, 2022).
9. Wu Guoguang, « Killing the different dreams, keeping the same regime: Xi Jinping's ten-year struggle to remake CCP elite politics », *China Leadership Monitor*, 1er septembre 2022 cité par *Esprit*, novembre 2022.
10. *The Financial Times*, 22 février 2022.

11. *The Financial Times*, 15 novembre 2022.
12. *Le Figaro*, 15 janvier 2013.
13. *Le Monde*, 18 novembre 2021.
14. *The Economist*, 7 mai 2022.
15. *Esprit*, novembre 2022.
16. BBC, juin 2022 ; voir Laurence Defranoux, *Histoire d'un peuple sacrifié*, Tallandier, 2022.
17. Cai Xia, *Foreign Affairs*, sept-oct 2022.
18. Bill Hayton, *L'Invention de la Chine*, éd. Saint-Simon, 2023.
19. *The Financial Times*, 22 février 2022.
20. *Le Monde*, 22 août 2022.
21. *Le Monde*, 13 janvier 2023.

5
Prospérité commune

1. *The New Yorker*, 16 mai 2022.
2. *The Financial Times*, 27 juillet 2021.
3. *The Financial Times*, 14 juin 2022 et 25 juillet 2022 qz.com/2090102/new-oriental-founder-yu-minhong-is-trying-to-find-a-new-lifeline/scmp.com/tech/big tech/article/3162824/china-tech-crackdown-new-orientals-yu-minhong-counts-his-losses-2021.
4. Entretien avec l'auteur, 7 septembre 2022.
5. Xinhua, 27 juillet 2021.
6. *The Economist*, 28 août 2021.
7. Conversation avec l'auteur 1er septembre 2022.
8. Cai Xia, article cité.
9. *New York Times*, 7 septembre 2021.
10. *Le Monde*, 29 décembre 2020 ; *The Financial Times*, 29 juillet 2021.
11. *Le Monde*, 9 septembre 2021 ; *The Financial Times*, 6 septembre 2021.
12. *Ibid.*
13. *Le Monde*, 27 janvier 2023.

6
Les géants entravés

1. *The Economist*, 14 août 2021.
2. *The Financial Times*, 26 septembre 2022.
3. *The Financial Times*, juillet 2022.
4. 2 novembre 2022.
5. Entretien avec l'auteur, 3 novembre 2022.
6. *Capital*, 11 janvier 2021.
7. Duncan Clark, *Alibaba: The House that Jack Ma Built*, ouvr. cité.
8. Sandrine Zerbib et Aldo Spaanjaars, *Dragon Tactics*, Dunod, 2022.
9. Siècle Digital, 3 novembre 2022.
10. *The Financial Times* 8 et 15 décembre 2022.
11. *L'Express*, 19 janvier 2023.
12. *L'Express*, 12 janvier 2023.
13. *Le Monde*, 14 janvier 2023.

7
Sous tutelle

1. Voir Kai-Fu Lee, *I.A. La plus grande mutation de l'histoire*, Les Arènes, 2019.
2. Entretien avec l'auteur, 15 novembre 2022.
3. PurePlayer, 2017.
4. Entretien avec l'auteur, 1er septembre 2022.
5. Entretien avec l'auteur, 3 novembre 2022.
6. *The New York Times*, 7 novembre 2022.
7. Entretien avec l'auteur, 4 décembre 2022.
8. Thomas Gomart, *Les ambitions inavouées : ce que préparent les grandes puissances*, Tallandier, 2023.
9. *The Financial Times*, 4 janvier 2023.

10. Lire à ce sujet l'étonnant reportage de Thomas Hale, correspondant du *Financial Times* à Shanghai, sur ses dix jours passés dans un centre de confinement secret (3 novembre 2022).
11. *The Financial Times*, 29 juin 2022.

8
Les « rhinocéros gris »

1. Entretien avec l'auteur, 6 décembre 2022.
2. Pascaline Boittiaux, « La Chine imbattable sur le marché du ciment », Statista, 10 juillet 2018.
3. *Le Monde*, 4 octobre 2021.
4. Guo Hongwen, *Le Tao est source de toute chose*, China Translation and Publishing House.
5. Chinese Entrepreneur, juillet 2014.
6. *The Financial Times*, 15 septembre 2022.

9
Les guerres de l'eau

1. CEO Online, 2015.
2. CEO Online, 2015.
3. CEO Online, 2015.
4. *The Paper*, 2017.
5. Chaîne TV régionale du Zhejiang.

10
La moitié du ciel

1. Christine Ockrent et Sandrine Treiner, *Le Livre noir de la condition des femmes*, XO, 2006.
2. *Foreign Affairs*, 10 août 2021.
3. « La moitié des postes publics de Chine seraient réservés aux hommes », EastIsRed, 10 février 2022.

4. « La révolte de l'Internet chinois contre les violeurs impunis », EastIsRed, 22 septembre 2022.
5. Entretien avec l'auteur, 3 novembre 2022.

11
Vrais patriotes et Petits Géants

1. Simon Leplâtre et Harold Thibault, « Ren Zhengfei, un chef de guerre à la tête de Huawei », *Le Monde*, 11 octobre 2019.
2. *Ibid.*
3. *Le Monde*, 11 janvier 2023.
4. *The Financial Times*, 31 janvier 2023.
5. *Le Point*, 7 septembre 2022.
6. Entretien avec l'auteur, 3 novembre 2022 ; *Le Monde*, 9 décembre 2022.
7. *The Financial Times*, 9 janvier 2023.
8. Entretien avec l'auteur, 4 décembre 2022.
9. Entretien avec l'auteur, 6 janvier 2023.
10. Conversation avec l'auteur diffusée sur France Culture, « Affaires étrangères », 15 octobre 2022.
11. *The Economist*, 3 juillet 2021.

12
Plus rouge que rouge

1. Christine Ockrent, *La Guerre des récits*, ouvr. cité.
2. *Ibid.*
3. Asia Society Policy Institute, janvier 2023.
4. *The Financial Times*, 26 janvier 2023.
5. *The Economist*, 26 janvier 2023.
6. Kevin Rudd, *The Avoidable War*, Hachette Book Group, 2022.
7. *The Financial Times*, 7 février 2023.

Table

Table

Composition et mise en pages
Nord Compo à Villeneuve-d'Ascq

CET OUVRAGE
A ÉTÉ ACHEVÉ D'IMPRIMER
SUR ROTO-PAGE
PAR L'IMPRIMERIE FLOCH À MAYENNE
EN AVRIL 2023

N° d'impression : 102462
Imprimé en France